ANNA CAROLINA LEGROSKI
VINÍCIUS LIMA FIGUEIREDO

SÉRIE LITERATURA EM FOCO

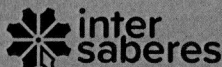

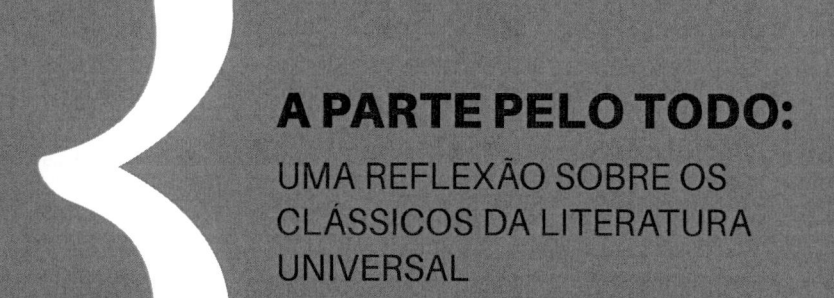

# A PARTE PELO TODO:
UMA REFLEXÃO SOBRE OS CLÁSSICOS DA LITERATURA UNIVERSAL

Rua Clara Vendramin, 58 ♦ Mossunguê ♦ CEP 81200-170 ♦ Curitiba ♦ PR ♦ Brasil
Fone: (41) 2106-4170 ♦ www.intersaberes.com ♦ editora@intersaberes.com

Dr. Alexandre Coutinho Pagliarini;
Drª Elena Godoy; Dr. Neri dos Santos;
Mª Maria Lúcia Prado Sabatella ♦
conselho editorial

Lindsay Azambuja ♦ editora-chefe

Ariadne Nunes Wenger ♦ gerente editorial

Daniela Viroli Pereira Pinto ♦
assistente editorial

Gilberto Girardello Filho ♦ prepaparação
de originais

Caroline Rabelo Gomes; Palavra do Editor ♦
edição de texto

Luana Machado Amaro ♦ design de capa

ArtKio/Shutterstock ♦ imagem de capa

Raphael Bernadelli ♦ projeto gráfico

Cassiano Darela ♦ diagramação

Luana Machado Amaro ♦ designer responsável

Regina Claudia Cruz Prestes; Sandra Lopis
da Silveira ♦ iconografia

**Dados Internacionais de Catalogação na Publicação (CIP)**
**(Câmara Brasileira do Livro, SP, Brasil)**

Legroski, Anna Carolina
    A parte pelo todo : uma reflexão sobre os clássicos da
literatura universal / Anna Carolina Legroski, Vinicius
Lima Figueiredo. -- Curitiba, PR : InterSaberes, 2024.
-- (Série literatura em foco)

    Bibliografia.
    ISBN 978-85-227-0794-2

    1. Literatura - Crítica e interpretação 2. Literatura -
Estudo e ensino 3. Literatura clássica I. Figueiredo, Vinicius
Lima. II. Título. III. Série.

23-169015                                        CDD-400

**Índices para catálogo sistemático:**

1. Literatura clássica : Filologia : Estudos     400

Eliane de Freitas Leite - Bibliotecária - CRB 8/8415

1ª edição, 2024.

Foi feito o depósito legal.

Informamos que é de inteira
responsabilidade dos autores a
emissão de conceitos.

Nenhuma parte desta publicação poderá ser reproduzida por
qualquer meio ou forma sem a
prévia autorização da Editora
InterSaberes.

A violação dos direitos autorais
é crime estabelecido na Lei
n. 9.610/1998 e punido pelo
art. 184 do Código Penal.

# sumário

apresentação, 13

como aproveitar ao máximo este livro, 16

introdução, 21

- um   a literatura, a sociedade, o texto clássico e o leitor, 25
- dois   *Odisseia* e *Decamerão*, 63
- três   *Fausto* e *Madame Bovary*: ambição e engano, 103
- quatro   *Os assassinatos na Rue Morgue* e *Memórias póstumas de Brás Cubas*: metaliteratura e jogos com os leitores, 147
- cinco   *A metamorfose* e *Mrs. Dalloway*: indivíduos profundamente complexos em suas solidões, 195
- seis   os clássicos hoje, 239

considerações finais, 263

referências, 267

bibliografia comentada, 273

respostas, 277

sobre os autores, 279

*Ao Borges (de novo).*

*Aos professores que vieram antes de nós
e aos professores que virão depois.*

*vita brevis, ars longa.*

Hipócrates

*É curto o tempo, é longa a arte.*

Johann Wolfgang von Goethe

# apresentação

❦ ESTE LIVRO REPRESENTA um desafio: refletir sobre oito obras do seleto grupo de clássicos universais ocidentais, todas elas dispersas ao longo da linha do tempo, desde oito ou sete séculos antes de Cristo até cem anos atrás, em 1925. Não se trata, portanto, de um feito pequeno, justamente pela série de dificuldades que lhe são inerentes, a começar pela seguinte dúvida que nós, autores, tivemos ao nos depararmos com a tarefa: Como comparar o incomparável? Por conta disso, escolhemos um fio condutor que nos guiou e orientou nessa aventura da crítica literária através do tempo: De que modo é possível pensar e refletir sobre as obras sob o ponto de vista de um estudioso de literatura?

Ora, não ofereceremos a você, caro leitor, respostas fechadas para os livros que analisamos. Pelo contrário, nosso objetivo é fomentar sua vontade de ler essas tão ricas e impressionantes obras, de modo que você possa percorrê-las assim como nós e tantos outros já fizeram. No decorrer desse processo, serviremos mais como mediadores e guias do que como professores prescritivos de uma ou outra leitura.

Dividimos esta obra em seis capítulos. No Capítulo 1, faremos uma breve análise de nossa jornada partindo da teoria e da crítica literárias, a fim de nos embasarmos e municiarmos para compreender não apenas os livros que temos diante de nós, mas também nosso próprio papel como estudiosos de literatura.

No Capítulo 2, iniciaremos nossa análise pelo clássico dos clássicos, a *Odisseia*, de Homero. Apresentaremos as características e a estrutura dessa obra, além de questões que envolvem elementos para além do texto escrito. Consideraremos também o *Decamerão*, de Boccaccio, em uma já árdua tarefa: duas obras separadas por centenas de anos, porém com caminhos que muito bem podem aproximá-las, em que pesem suas óbvias diferenças.

Por sua vez, no Capítulo 3, trataremos dos livros *Fausto*, de Goethe, e *Madame Bovary*, de Flaubert, marcos das literaturas romântica e realista, respectivamente. Além das características de cada obra, apresentaremos algumas leituras possíveis desses clássicos que moldaram épocas e impactaram sociedades e culturas, por meio de dois personagens ambiciosos e perdidos em suas próprias fantasias e que dão nome aos livros.

Já no Capítulo 4, acompanharemos o processo dedutivo de Dupin, em *Os assassinatos na Rue Morgue*, um clássico de Edgar Allan Poe, precursor de toda uma literatura policial que até hoje movimenta multidões. Ainda, veremos as canalhices de um defunto autor, Brás Cubas, que denotam a genialidade de um dos maiores nomes, se não o maior, da literatura brasileira, Machado de Assis. Assim, analisaremos não apenas as características e os elementos de *Memórias póstumas de Brás Cubas* como também a possibilidade de um clássico ser entendido como tal.

No Capítulo 5, trabalharemos com duas das principais obras escritas no século XX: *A metamorfose*, de Franz Kafka, e *Mrs. Dalloway*, de Virginia Woolf. Examinaremos as principais características desses dois livros tão emblemáticos, além de possíveis caminhos interpretativos para tais textos, que reformularam o modo de se pensar e fazer literatura nos tempos contemporâneos.

Por fim, no Capítulo 6, proporemos uma reflexão com base em tudo o que lemos e analisamos ao longo deste livro, ancorados principalmente em considerações da autora Ana Maria Machado. O objetivo será discutir qual é nosso papel diante do processo de leitura, e não apenas da literatura, e de que modo podemos nos virar a partir disso.

Boa viagem e bons estudos!

# como aproveitar ao máximo este livro

*Empregamos nesta obra recursos que visam enriquecer seu aprendizado, facilitar a compreensão dos conteúdos e tornar a leitura mais dinâmica. Conheça a seguir cada uma dessas ferramentas e saiba como estão distribuídas no decorrer deste livro para bem aproveitá-las.*

### Introdução do capítulo
*Logo na abertura do capítulo, informamos os temas de estudo e os objetivos de aprendizagem que serão nele abrangidos, fazendo considerações preliminares sobre as temáticas em foco.*

### Indicações culturais
*Para ampliar seu repertório, indicamos conteúdos de diferentes naturezas que ensejam a reflexão sobre os assuntos estudados e contribuem para seu processo de aprendizagem.*

**IMPORTANTE!**
*Algumas das informações centrais para a compreensão da obra aparecem nesta seção. Aproveite para refletir sobre os conteúdos apresentados.*

**FIQUE ATENTO!**
*Ao longo de nossa explanação, destacamos informações essenciais para a compreensão dos temas tratados nos capítulos.*

**CURIOSIDADE**
*Nestes boxes, apresentamos informações complementares e interessantes relacionadas aos assuntos expostos no capítulo.*

## Síntese

*Ao final de cada capítulo, relacionamos as principais informações nele abordadas a fim de que você avalie as conclusões a que chegou, confirmando-as ou redefinindo-as.*

## Atividades de autoavaliação

*Apresentamos estas questões objetivas para que você verifique o grau de assimilação dos conceitos examinados, motivando-se a progredir em seus estudos.*

**ATIVIDADES DE APRENDIZAGEM**
*Aqui apresentamos questões que aproximam conhecimentos teóricos e práticos a fim de que você analise criticamente determinado assunto.*

**BIBLIOGRAFIA COMENTADA**
*Nesta seção, comentamos algumas obras de referência para o estudo dos temas examinados ao longo do livro.*

# introdução

❰A CADA ANO, mais e mais percebemos uma aparente perda de importância da literatura nesta sociedade tão conectada e virtual em que vivemos. Mas calma, leitor! Não faremos aqui uma daquelas típicas defesas de "como o mundo era melhor antigamente". Não é esse o caso. Obviamente que, conforme Valter Hugo Mãe (2013) muito bem aponta em sua obra *A máquina de fazer espanhóis* por meio da voz de um personagem, sentimos falta de um mundo que já não mais existe porque sofremos tanto para nos adequarmos a ele, mas, quando enfim chega a nossa vez, esse mundo já passou e se tornou novo, desconhecido e terrível. Porém, reiteramos, não é esse o caso. Com certeza, não somos adeptos de um mundo que já se foi, cujos valores talvez nunca tenham, de fato, existido. Não saudamos um pretenso antigo mundo quando se valorizava a literatura. Convenhamos, ela nunca foi valorizada como deveria, caso contrário, não haveria uma enorme lista de ocorrências de destruição de livros, museus e bibliotecas, censura ou quaisquer outras formas de limitar, intencionalmente ou não, o acesso à literatura.

Vivemos em um mundo paradoxal, em que, de um lado, a literatura significa "nada", sendo uma perda de tempo para aquilo que edifica e é concreto e real, como pontes ou edifícios feitos de tijolos, aço e suor; de outro, a literatura é temerária e deve ser proibida para certos grupos, faixas etárias, culturas ou, pior, proibida como um todo, já que alguns livros são altamente subversivos e perigosos. Poderíamos listar uma série de manchetes de jornal dos últimos anos que comprovam a existência desses dois lados, mas não o faremos. Deixaremos aqui a semente da curiosidade para que você, leitor, caso assim decida, procure por conta própria os mais absurdos casos em que a literatura é vista ora como "inutensílio" – para evocar Leminski –, ora como perigo e motivo de censura (Leminski..., 2023).

De todo modo, o que estamos tentando apontar neste livro que está em suas mãos – ou na sua frente, caso seja uma tela – é o fato de que nunca pareceu tão irônico escrever sobre literatura em um tempo em que cada vez mais se lê menos – antítese não intencional. Dados de uma pesquisa feita pelo Instituto Pró-Livro em parceria com o Itaú Cultural revelam que em 2007 o Brasil contava com 55 milhões de leitores e 45 milhões de não leitores, enquanto em 2019, data de divulgação da pesquisa, passamos para 52 milhões de leitores ativos *versus* 48 milhões de não leitores (Failla, 2020; Amorim, 2008). Ora, mais pessoas deixaram de ler e mais pessoas sequer começaram. Tais dados, por óbvio, consideram a população com idade condizente com o aprendizado da leitura (5 anos ou mais), bem como o salto populacional (em 2007, eram 173 milhões de brasileiros; em 2019, 193 milhões), o que nos leva à seguinte constatação: a escola tem um papel fundamental em todo esse processo.

Por experiência própria como professores do ensino básico (fundamental e médio), sabemos que, muitas vezes, o único contato das crianças com a literatura é nas salas de aula e nas bibliotecas que possibilitam o empréstimo de livros (cujos preços, em geral, seguem subindo). No entanto, cada vez mais notamos um movimento que prioriza o ensino puramente historiográfico de literatura, no qual se valoriza mais a habilidade de o aluno decorar nomes, títulos e datas de primeira publicação (por que, meu Deus?) do que a experiência da leitura em si. Ou seja, formamos ótimos alunos que sabem listar características do romantismo ou do pré-modernismo, tudo feito em tabelas bem arranjadas e organizadas, mas falhamos na formação de leitores que apreciem não apenas os clássicos, mas toda e qualquer literatura no geral.

Entendemos que o principal público desta obra é composto por futuros professores e formadores de leitores. Por conta disso, fazemos o apelo para que você, caro leitor, assim como nós estamos tentando, procure despertar a fagulha da leitura em seus futuros alunos. Caso você não seja professor ou não tenha essa intenção, esse apelo também se aplica, afinal, não se ensina apenas em sala de aula, diante de um quadro de giz: ensina-se também por meio do exemplo.

Quando lemos diante de crianças, mostramos que esse é um ato que vale a pena ser feito. Com isso, não pretendemos afirmar que você deva deixar de lado o celular e as redes sociais. O que estamos dizendo é que a leitura é um processo anacrônico em sociedades cada vez mais céleres e conectadas, visto que demanda justamente o oposto: a desconexão com o mundo físico e do agora para adentrar o universo que está contido no poder da simbologia das palavras, ordenadas em arranjos que nos fazem visualizar novas realidades ou desvendar conhecimentos antigos, já descobertos por pessoas de outros tempos.

Seja qual for a finalidade da leitura, nós, autores, acreditamos que ela sempre vale a pena – sem citar o poeta, por favor. Assim, esperamos que o que apontamos neste livro e ao longo destes seis capítulos sobre obras de tempos pregressos e já por muitas vezes esquecidas não se constitua em mera instrução ou listagem de características, e sim no cumprimento de nossa intenção inicial e final: ser um convite para novas leituras e viagens por textos tão incríveis.

Você terá a chance de acompanhar as desventuras de Odisseu, as cem jornadas para se escapar do tédio da quarentena na peste negra, o processo dedutivo aplicado para desvendar crimes, um narrador defunto que foi um grande canalha em vida, uma mulher que se deixou levar demais pelo mundo dos livros e que perdeu a graça no mundo real, o pacto em busca de conhecimento, o homem que se transformou em inseto e a mulher de meia-idade que decidiu ela mesma comprar flores em um colorido passeio pelo centro de Londres.

Boa leitura!

| | |
|---|---|
| um | a literatura, a sociedade, o texto clássico e o leitor |
| dois | *Odisseia* e *Decamerão* |
| três | *Fausto* e *Madame Bovary*: ambição e engano |
| quatro | *Os assassinatos na Rue Morgue* e *Memórias póstumas de Brás Cubas*: metaliteratura e jogos com os leitores |
| cinco | *A metamorfose* e *Mrs. Dalloway*: indivíduos profundamente complexos em suas solidões |
| seis | os clássicos hoje |

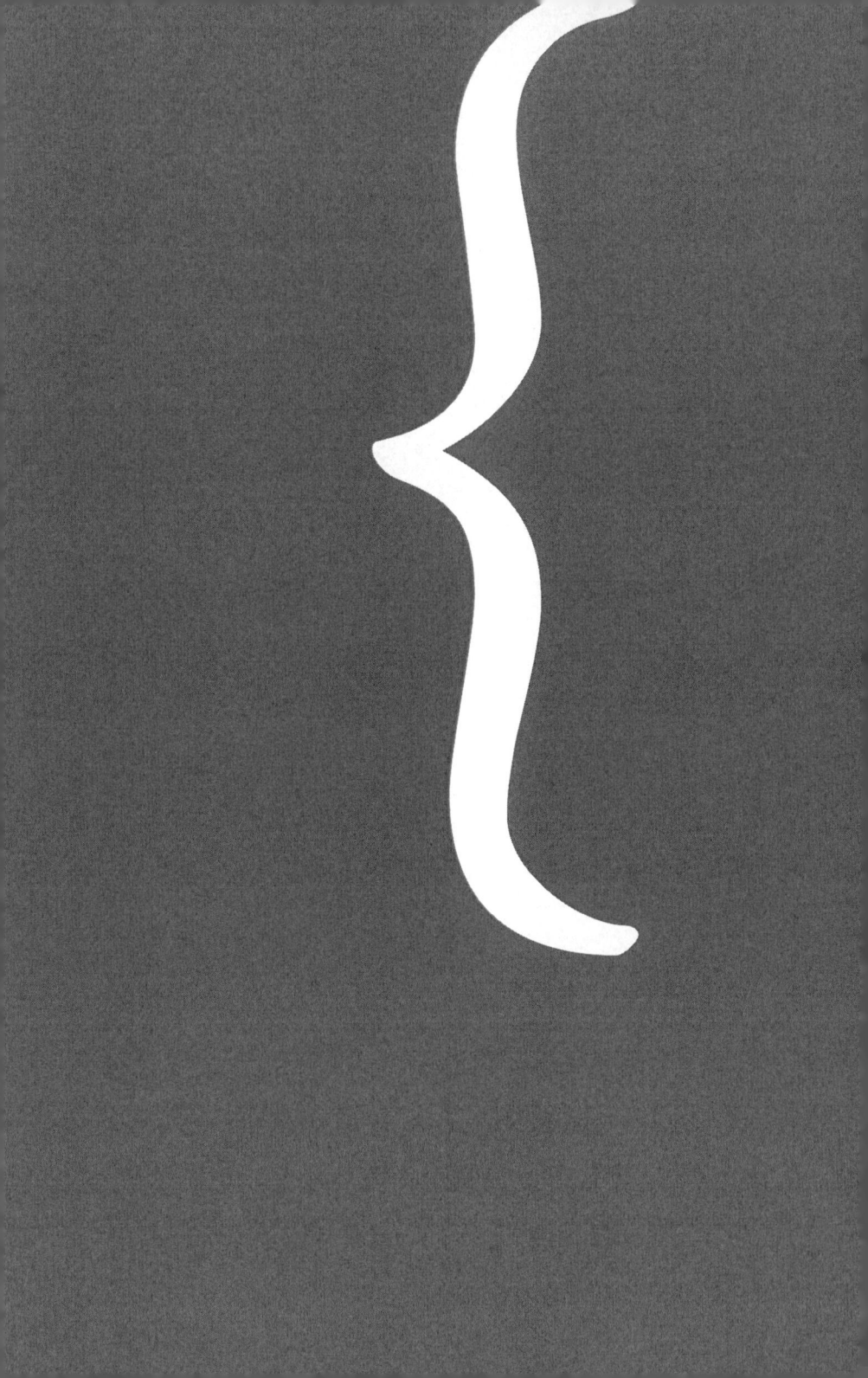

❨ AO ANALISARMOS OBRAS literárias, percebemos que sua complexidade transcende a materialidade do texto escrito. Neste capítulo, apresentaremos os fatores de complexidade que permeiam o ato de refletir sobre literatura, embasando-nos em teorias de outros críticos. Assim, partiremos para uma reflexão a respeito dos textos clássicos e abordaremos os 14 motivos elencados por Italo Calvino para a leitura desse tipo de obra, em duas dimensões: coletiva e individual, considerando o leitor como parte do processo. Desde já, vale ressaltar que um clássico vai além de seu original, incorporando-se ao imaginário coletivo.

umpontoum
# Os problemas pelo caminho à frente

Ao iniciarmos os estudos de literatura, inevitavelmente nos depararemos com a seguinte questão: O que é literatura? Ora, fruto de longos e antigos debates, a discussão em torno de uma definição ronda o universo daquele que se pretende estudioso das artes literárias, e não podemos nos furtar à necessidade de refletir sobre esse tópico.

A compreensão de que definir a literatura e, assim, talvez poder dizer ela onde começa e onde termina pode não ser o destino mais esperado ao pensarmos sobre os estudos literários. Ou seja, nossa discussão não girará em torno da identificação de algo como literatura ou não, e sim do motivo de se poder entender as obras aqui estudadas como literárias e dignas de serem tomadas como clássicos da literatura universal, além, é claro, da análise dos textos propriamente ditos.

Invariavelmente, em nossa jornada como estudiosos de literatura, vamos encarar situações nas quais será discutido se determinado texto pode ou não adentrar nos áureos salões da "Literatura com 'L' maiúsculo". No entanto, de modo geral, cabe-nos pontuar que, ao longo desse processo, estaremos em uma constante análise de textos que, de um modo ou de outro, impacta-nos diretamente como indivíduos e sociedade. Traduzindo: leitor, não se engane quanto à natureza do estudo literário, já que ele não é apenas um exaustivo debate filosófico sobre algo ser ou não literatura, ser ou não relevante ou importante. Atentemo-nos ao que realmente importa: o estudo daquilo de que gostamos – textos.

Com isso explicitado, podemos seguir adiante. De fato, seria importante e interessante termos alguma régua que nos guie, mas ela acaba por não ser necessária a todo instante. Geralmente, ao pensarmos em um caminho acadêmico voltado aos estudos literários, a primeira questão diz respeito à impossibilidade de definição, fato que reconhecemos, assim como a relevância do debate acerca do tópico. Mas, diante do exposto, a pergunta que sobressai é esta: Uma vez que não há uma definição específica, isso nos impede de saber, qualquer que seja o suporte utilizado, que temos diante de nós um livro de literatura e não qualquer outro produto cultural? Logicamente que não!

Na realidade, como Umberto Eco explicou em uma de suas famosas palestras, é difícil definir o que é pornografia, mas todos sabem que estão diante de uma quando a veem. De certa forma, o mesmo acontece em relação ao texto literário, e o que estamos tentando apontar aqui é mais do que uma discussão quanto à impossibilidade de se definir objetivamente o que é literatura. Precisamos entender que antes lidamos com vários outros aspectos e elementos, entre os quais destacamos:

- leitor;
- sociedade;
- autor;
- obra.

Sem levarmos em conta esses quatro pilares fundamentais, toda discussão literária acaba por se tornar infrutífera e, em alguma medida, desnecessária.

Certamente, a literatura já não ocupa mais em nossa sociedade e em nossa vida o mesmo lugar que preenchia antigamente – são muitas as concorrências –, conforme podemos depreender do seguinte trecho, no qual Antoine Compagnon, em sua obra *Literatura para quê?*, aponta justamente para esse aspecto: "Pois o espaço da literatura tornou-se mais escasso em nossa sociedade há uma geração: na escola, onde os textos didáticos a corroem, ou já a devoraram; na imprensa, que atravessa também ela uma crise, funesta talvez, onde a aceleração digital fragmenta o tempo disponível para os livros" (Compagnon, 2012, p. 25). Entretanto, o ponto a que queremos chegar é justamente constatar o fato de que nossa relação com a literatura mudou e que também precisamos, em certa ordem, modificar levemente nossa forma de pensar e de trabalhar com os próprios estudos literários.

Neste livro, nosso objetivo é, essencialmente, apontar para direções que você, caro leitor, possa escolher (ou não) para se aprofundar em seus estudos. Contudo, não gostaríamos que você se prendesse à limitação de que "é impossível definir o que é literatura", como se ouve falar com frequência. Embora seja realmente impossível, isso não pode nos impedir de estudar literatura e, ademais, entender e apreciar obras.

## 1.1.1 A materialidade linguística

Antes de nos aprofundarmos nas reflexões a respeito da literatura e de seus estudos, é preciso estabelecer uma delimitação: não há como exercer a crítica e a teoria literárias fugindo do que se convencionou chamar de *materialidade linguística*. Conforme Massaud Moisés (1987, p. 25, grifo do original) esclarece em sua obra *A análise literária*,

> 1. Embora redundante, creio necessário sublinhar que o campo da análise literária é o texto e apenas o texto, porquanto os demais aspectos literários e extraliterários (a biografia dos escritores, o contexto cultural, etc.) escapam à análise e pertencem ao setor dos estudos literários, segundo conceituam René Wellek e Austin Warren em sua *Teoria da Literatura*. Entretanto, como já ficou assente, tais zonas limítrofes serão perlustradas sempre que o texto o requerer, a fim de clarificar pontos obscuros. E perlustradas apenas naquilo que interessa ao texto: o analista pode, por exemplo, excursionar para a biografia do autor, mas voltará obrigatoriamente ao texto, pois o núcleo de sua atenção sempre reside no texto. Em suma: o texto é ponto de partida e ponto de chegada da análise literária.

Nossa intenção não é apenas entender a literatura como um "mar" de significações ou interpretações possíveis, pelo contrário: diante de uma limitação razoável – analisar somente aquilo que está de fato escrito no texto –, nossa tarefa como estudiosos de literatura reside em compreender essa e outras limitações que o campo de estudo nos impõe e, a partir delas, apontar possíveis direções e caminhos interpretativos para as obras, especialmente os clássicos da literatura dita *universal*.

Agora, vamos a um exemplo prático. Observemos o poema "No meio do caminho", de Carlos Drummond de Andrade (2002, p. 85):

No Meio do Caminho

No meio do caminho tinha uma pedra
tinha uma pedra no meio do caminho
tinha uma pedra
no meio do caminho tinha uma pedra.

Nunca me esquecerei desse acontecimento
na vida de minhas retinas tão fatigadas.
Nunca me esquecerei que no meio do caminho
tinha uma pedra
tinha uma pedra no meio do caminho
no meio do caminho tinha uma pedra.

Publicado em 1928 na *Revista de Antropofagia*, poderíamos analisar o texto "No meio do caminho" e interpretar que o eu lírico faz menção a uma pedra de *crack*? Obviamente que não, dado que a droga só surgiu entre 1984 e 1985, nos Estados Unidos da América.

Diante dessa situação simples, porém de extremo ensinamento, recuperamos o que Massaud Moisés (1987, p. 26) afirmou sofre a questão dos limites da análise literária:

Desse modo, a análise não deve ser da palavra pela palavra, mas da palavra como intermediário entre o leitor e um conteúdo de ideias, sentimentos e emoções que nela se coagula. Ou, se preferirem, análise da palavra como veículo de comunicação entre o escritor e o público. Assim entendida, a palavra surge como um ícone, isto é, como objeto gráfico pleno de sentidos, variável dentro de uma escala complexa de valor. E é enquanto ícone, enquanto expressão de significados vários, que a palavra tem de ser analisada.

Ao sinalizarmos a necessidade do cuidado para uma análise que se paute essencialmente pela parte do que está escrito no texto literário, e não por qualquer outra coisa que escape disso, estamos apontando para um dos principais pontos de atenção que devemos ter para não incorrer em um dos graves pecados da interpretação de literatura, a superinterpretação, que consiste em atribuir a algo um significado que transcende os limites de significação que esse algo contempla.

Quando evocamos o exemplo da pedra de *crack* no texto de Drummond, foi isso o que ocorreu: o poema foi superinterpretado, ou seja, a análise rumou para algo que não se comprova a partir do texto escrito, muito menos quando se considera uma leitura contextual.

Ao lidarmos com a análise de literatura, seja de um clássico ou não, o cuidado com uma interpretação calcada na realidade material da palavra escrita é importante. Assim, não estamos afirmando que existe uma ou duas interpretações apenas para um texto, longe disso. Queremos apenas combater o péssimo hábito incutido na sociedade (e possivelmente ensinado às crianças sob alguma desculpa cuja origem sinceramente não conseguimos traçar) de dizer que "toda interpretação é válida". Infelizmente, nem toda.

## umpontodois
## Definições de literatura: um respiro em meio ao furacão

Há uma complexidade intrínseca à atividade de definir o que é literatura. No entanto, isso não nos exime de entrar nessa discussão. Precisamos não apenas entender a raiz dessa dificuldade como também compreender, mesmo que minimamente, como a teoria e a crítica literárias refletem sobre o tópico. Dessa forma, quando consideramos as possíveis definições de *literatura*, inevitavelmente nos deparamos com o necessário texto de Terry Eagleton (2006), *Teoria da literatura: uma introdução*, obra em que o teórico inglês se aprofunda nessa atividade e indica uma série de reflexões que são bastante importantes e que vamos retomar aqui.

Assim começa sua obra:

> Muitas têm sido as tentativas de definir literatura. É possível, por exemplo, defini-la como escrita "imaginativa", no sentido de ficção – escrita essa que não é necessariamente verídica. Mas se refletirmos, ainda que brevemente, sobre aquilo que comumente se considera literatura, veremos que tal definição não procede. (Eagleton, 2006, p. 1)

Eagleton segue esse caminho em boa parte de seu livro: apresenta uma possível definição e, em seguida, logo a desconstrói, de modo que a conclusão geral aponta para uma natural impossibilidade de se definir o que é a literatura com base em meios pragmáticos e objetivos. Nessa perspectiva, cientes dessa característica latente da literatura, temos de nos orientar por bases comuns que nos sirvam, de alguma forma, como régua para entendermos um pouco mais a fundo como se constitui o texto literário.

Para tanto, evocamos a obra *Literatura para quê?*, de Antoine Compagnon (2012), na qual o autor direciona seu olhar com vistas a refletir sobre as características da literatura, as quais julgamos serem importantes pontos de sustentação para nossa obra. A esse respeito, considere o seguinte trecho de Compagnon (2012, p. 15, grifo nosso): "a tradição teórica considera a literatura como una e própria, presença imediata, valor eterno e universal".

Vamos nos aprofundar nos dois termos grifados na citação: "una" remete a um só, ou seja, a literatura é tratada, muitas vezes, como um produto sócio-cultural-histórico único, no qual se inserem as unidades das obras literárias. Um exemplo simples: Camões e seu *Os lusíadas* fazem parte do que é literatura tanto quanto Carlos Drummond de Andrade e sua *A rosa do povo*. Ambos os textos, embora separados por tempos, espaços, culturas e sociedades bastante diferentes, são vistos e entendidos a partir do lugar comum "literatura".

Em segunda instância, quando pensamos no termo "própria", estamos diante de uma lógica que contempla a ideia de que a literatura, um único corpo social, é diferente de outros corpos e produtos culturais. Isto é, sabemos que cinema é diferente de literatura, por exemplo, a qual também é diferente de filosofia.

Entretanto, nada é tão simples assim. Compagnon (2012, p. 49) continua seu raciocínio e aponta para a mesma dificuldade que Eagleton já tinha considerado: "As próprias vanguardas teóricas, mesmo que tenham tentado, não souberam renunciar ao poder que teria a literatura de exceder as limitações da língua e as fronteiras da filosofia". Quanto a isso, podemos refletir que, diante da questão linguística – em que não adentraremos neste livro – e do fato de ser uma matéria única e diferente das demais, a literatura ocupa um espaço muito importante, e consequentemente questionado, dentro de nossa sociedade.

Não temos o objetivo de fazer releituras das obras de Compagnon ou de Eagleton. O intuito é mostrar a você, leitor, como a discussão em torno desse tópico é recheada de complexidades e diferenças ao longo das eras. Com o devido zelo de não sermos levianos com esses pensadores, arriscamo-nos a dizer que, em sua obra, o teórico francês reflete sobre toda uma movimentação, essencialmente europeia, acerca da literatura; Eagleton faz algo similar em sua reflexão.

Mas e nós, onde ficamos no meio dessa querela? Ora, diante de uma chuva de nuances e características, precisamos entender que a literatura, primeiro, sim, existe e se diferencia de outras produções culturais; segundo, ela exerce um papel transformador e único, já que está no campo das artes e remete a ideias e valores de humanidade maiores, por vezes, do que os próprios livros apontam. Com relação a esse ponto, evocamos (e provocamos) o que Barthes (2003, p. 172) afirma a respeito do tema: "[A] literatura não permite andar, mas permite respirar".

Pela inegável dificuldade intrínseca à objetividade, talvez, e só talvez, o caminho seja abraçar a subjetividade.

## umpontotrês
## Como definir os clássicos?

Como buscamos evidenciar, a tarefa de definir o que é literatura é profundamente complexa. Por consequência, a definição do que entendemos por *clássico da literatura* é igualmente uma tarefa problemática. Ora, se a própria concepção do que se entende por *literário* demanda uma série de reflexões que apontam para uma impossibilidade no ato, delimitar um clássico não seria mais simples.

Primeiramente, vamos acompanhar Italo Calvino em sua obra *Por que ler os clássicos*. Nela, logo na introdução, o escritor e teórico italiano reflete sobre a importância da leitura dos textos considerados como clássicos, apresentando 14 motivos. Vejamos cada um deles, seguidos de comentários nossos:

1. "Os clássicos são os livros de que se costuma ouvir dizer: 'Estou a reler...' e nunca 'Estou a ler...'" (Calvino, 1991, p. 7).

Aqui, Calvino aponta para um elemento subjetivo, de uma longa lista, que direcionará sua reflexão. Cabe destacar a diferença implícita entre as ideias de leitura e de releitura, sendo esta a mais profunda ou, ainda, já desprovida de novidades ou surpresas. Se relemos algo, então anteriormente já o lemos, logo, sabemos do que se trata. De certa forma, Calvino afirma que qualquer leitura de um clássico é, à sua maneira, sempre uma releitura, visto que a ideia de clássico está imiscuída em nossa sociedade de tal modo que sempre estamos a reler…

II. "Chamam-se clássicos os livros que constituem uma riqueza para quem os leu e amou; mas constituem uma riqueza nada menor para quem se reserva a sorte de lê-los pela primeira vez nas condições melhores para os saborear" (Calvino, 1991, p. 8).

Podemos depreender desse motivo algumas questões: primeiro, a ideia de que a leitura é indissociável do prazer; segundo, ler proporciona algo ao leitor para além desse prazer, naquilo que o autor denomina "riqueza".

III. "Os clássicos são livros que exercem uma influência especial, tanto quando se impõem como inesquecíveis, como quando se ocultam nas pregas da memória mimetizando-as de inconsciente colectivo ou individual" (Calvino, 1991, p. 8).

Aqui, retomamos o que mencionamos no primeiro motivo, já que Calvino remete a uma característica difusa, porém central, para o entendimento do que é um texto clássico: uma certa noção de que esse texto extrapola seu lugar na qualidade de livro/obra, transcendendo para um construto social, fazendo parte daquilo que ele chama de "inconsciente coletivo".

IV. "De um clássico toda a releitura é uma leitura de descoberta igual à primeira" (Calvino, 1991, p. 9).

De modo bastante direto, esse motivo conceitua que o texto clássico é polissêmico, ou seja, permite toda uma sorte de interpretações e leituras; com efeito, a releitura sempre carrega em si algum tipo de novidade. Destacamos que essa é talvez a principal das características subjetivas a que Calvino alude em sua longa lista e que, também, é sob essa compreensão em particular que orientamos nossa leitura, como autores, para direcionarmos todas as reflexões que se darão nos próximos capítulos.

V. "De um clássico toda a primeira leitura é na realidade uma releitura" (Calvino, 1991, p. 9).

Trata-se da confirmação do que depreendemos do primeiro motivo: as noções de leitura e releitura, diante de um clássico, são indissociáveis.

VI. "Um clássico é um livro que nunca acabou de dizer o que tem a dizer" (Calvino, 1991, p. 9).

De certa forma, seria possível ponderar que tal justificativa é um tanto quanto vaga, uma vez que poderia estender-se a livros nao considerados pela sociedade como clássicos. No entanto, é importante ter em mente que o motivo exposto pelo autor remete ao valor de que o clássico encerra dentro de si a base, mas não todos os desdobramentos, das ideias evocadas. Gostamos de pensar que aqui está a matéria da literatura: extravasar para além das páginas, mantendo uma discussão, reflexão, cena, seja o que for, sempre relevante. Considerando as obras que analisaremos nos próximos capítulos, esse ideal é essencial.

VII. "Os clássicos são os livros que nos chegam trazendo em si a marca das leituras que antecederam a nossa e atrás de si a marca que deixaram na cultura ou nas culturas que atravessaram (ou mais simplesmente na linguagem ou nos costumes)" (Calvino, 1991, p. 9).

Aqui, Calvino nos conduz a uma reflexão necessária: a ideia e a noção de *clássico* perpassam uma percepção diacrônica de tempo e de sociedade. Ao pensarmos a linha do tempo no eixo horizontal, temos que as culturas passam, o tempo passa, as sociedades passam, mas os clássicos são carregados conforme as mudanças e os novos ciclos, de modo que trazem em si as marcas de sociedades passadas, sejam as que as criaram, sejam as que as leem, sejam, ainda, as que as estudaram.

VIII. "Um clássico é uma obra que provoca incessantemente uma vaga de discursos críticos sobre si, mas que continuamente se livra deles" (Calvino, 1991, p. 10).

A ideia contida nesse motivo é simples, mas muito importante de ser compreendida: um clássico não é um clássico sempre, afinal, precisa sobreviver ao tempo e às sociedades. Logo, o que hoje entendemos como clássico não necessariamente o será em alguns séculos. A título de curiosidade, no Capítulo 5, trataremos de Virginia Woolf e sua obra *Mrs. Dalloway*, a qual não foi bem recebida pela crítica depois de ser publicada, isto é, foi necessário certo tempo até ser vista e compreendida como um grande clássico do século XX, apesar da negativa inicial.

ix. "Os clássicos são livros que quanto mais se julga conhecê-los por ouvir falar, mais se descobrem como novos, inesperados e inéditos ao lê-los de facto" (Calvino, 1991, p. 10).

Nesse motivo de Calvino, parece se justificar a noção de que obras clássicas exibem uma espécie de "aura" peculiar. A acepção de que a sociedade constrói uma visão acerca dos clássicos também é fator de destaque, de maneira que, muitas vezes, não precisamos ler uma obra clássica para saber do que ela trata e quais ideias contém.

x. "Chama-se clássico um livro que se configura como equivalente do universo, tal como os antigos talismãs" (Calvino, 1991, p. 11).

Aqui, talvez enveredando para um campo mais próximo do simbólico, o conceito de talismã alude ao ponto nevrálgico de nossa sociedade em relação a certas instâncias e situações que, geralmente, elevam a categoria de determinada obra para além de si mesma, apontando para uma condição – sempre atribuída pelo *corpus* social – de elevação e transcendência do próprio texto. Sobremancira, fica evidente a relação sociedade *versus* texto clássico, já que aquela o define, e este a reitera.

xi. "O nosso clássico é o que não pode ser-nos indiferente e que nos serve para nos definirmos a nós mesmos em relação e se calhar até em contraste com ele" (Calvino, 1991, p. 11).

Esse motivo é fundamental para compreendermos que não existe apenas uma ideia de clássico no nível coletivo, mas também no nível individual. Em outras palavras, o que o grupo entende como clássico não necessariamente contempla o que o indivíduo toma por obra clássica. Dessa forma, a noção do indivíduo também pertencente a essa lógica literatura *versus* sociedade acrescenta um fator extremamente importante e revelador sobre a maneira como podemos analisar nossa relação com os textos clássicos.

XII. "Um clássico é um livro que vem antes de outros clássicos; mas quem leu primeiro os outros e depois lê esse, reconhece logo o seu lugar na genealogia" (Calvino, 1991, p. 11).

Livro algum existe sem estar dentro de uma relação de interdependência, direta ou não, com outros livros. É sobre isso que versa esse motivo, que direciona o olhar para a noção de que um *texto*, como termo derivado da palavra *textus* ("tecido", em latim), é uma composição de fios que se entramam.

XIII. "É clássico o que tiver tendência para relegar a actualidade para a categoria de ruído de fundo, mas ao mesmo tempo não puder passar sem esse ruído de fundo" (Calvino, 1991, p. 12).

A atemporalidade para a qual esse motivo aponta é importante para entendermos os textos clássicos como obras deslocadas e, ao mesmo tempo, inseridas em um momento sociocultural. Quando pensamos que o texto clássico fala não só a respeito de sua própria época, mas também de outras épocas, temos diante de nós um valor que ultrapassa a mera localização temporal e nos norteia para o que muitos teóricos chamam de *universal*.

xiv. "É clássico o que persistir como ruído de fundo mesmo onde dominar a actualidade mais incompatível" (Calvino, 1991, p. 12).

Por fim, desse último motivo extraímos o entendimento de que a noção de texto clássico e de sua relevância também reside no fato de que esse tipo de texto não somente aponta para um conjunto de realidades como também carrega consigo reflexões críticas sobre elas. Ou seja, longe de se contentar meramente em servir como arauto de um período ou de outro, o texto clássico reforça uma posição de crítica que a literatura assume.

Enfim, caro leitor, depois de apresentarmos esses vários motivos e nossas reflexões, temos diante de nós uma súmula: a subjetividade domina a objetividade, de modo que – conforme vimos – definir *literatura* com exatidão é impossível tal como ocorre com o texto clássico. Contudo, isso não nos impede, com base no exposto por Calvino (1991), de pensar e lançar nossos olhares e considerações sobre o tema. Em geral, a ideia de que o texto clássico dialoga com questões maiores do que si mesmo – sociedades, tempo, espaço, indivíduos, coletividade – é importante para compreendermos não apenas o que faz um texto ser clássico, mas o motivo de nós, como sociedade, estabelecermos tal distinção.

Jamais podemos deixar de lado a noção de que a sociedade é uma construção coletiva feita por um *corpus* de indivíduos que se unem e pretendem a si mesmos, mais do que apenas um conjunto de pessoas localizadas em dado momento e espaço (não entraremos no mérito do estudo sociológico). Nessa ótica, é igualmente coletiva a construção do que entendemos por *literatura* e *texto clássico*.

É imperiosa a necessidade de compreendermos que, em certo ponto, somos nós mesmos que definimos o que é literatura, justamente porque, ao nos depararmos com algumas definições, precisamos ter senso crítico suficiente – exercício difícil, constante e permanente – para saber que determinadas acepções dos termos *literatura* e *clássico* pressupõem exclusão, para o bem ou para o mal.

Diante disso, é fundamental entendermos que cabe a nós, estudiosos da literatura, a atitude de não excluirmos nós mesmos determinadas obras, alijando-as de um ou de outro grupo simplesmente com base em definições que se pretendem "científicas" ou "objetivas", mas que de ambos os adjetivos não têm (quase) nada. Ora, se a subjetividade é nossa matéria, então façamos um bom uso dela, sabendo que carregamos em certos olhares perigo aos demais olhares. É nossa função zelar pela coexistência das muitas visões possíveis, sempre, no entanto, embasados na materialidade do texto linguístico.

## umpontoquatro
## O papel do indivíduo leitor: o nosso texto "clássico"

Depois dessa necessária, porém rápida, defesa de nossa função como estudiosos de literatura, voltemos nosso olhar para mais reflexões de Italo Calvino, que em sua obra afirma:

> Só nos resta inventar cada um uma biblioteca ideal dos nossos clássicos; e diria que ela teria de ser constituída metade por livros que já lemos e que foram importantes para nós, e metade por livros que nos propomos ler e pressupomos que sejam importantes. E deixando uma seção de lugares vazios para as surpresas, para as descobertas ocasionais.
>
> [...] os clássicos servem para compreender quem somos e aonde chegamos e por isso os italianos são indispensáveis precisamente para os compararmos com os estrangeiros, e os estrangeiros são indispensáveis precisamente para os compararmos com os italianos. Depois deveria reescrevê-lo mais uma vez para não se pensar que os clássicos devem ser lidos porque "servem" para alguma coisa. A única razão que se pode aduzir é que ler os clássicos é melhor que não ler os clássicos. (Calvino, 1991, p. 13, grifo nosso)

Bem, para além da necessária responsabilidade ao se estudar literatura e entender o que faz um texto ser clássico, devemos observar também que, à luz desse excerto, a leitura é essencial simplesmente porque, muitas vezes, é a justificativa para si mesma, sem qualquer finalidade ou necessidade. Antes de pensarmos uma obra como arauto de um tempo ou de determinado valor de humanidade, saibamos que o ato de ler, por si próprio, já é suficiente.

Com isso em mente, temos de atualizar nossa compreensão de que a dinâmica entre sociedade e obra basta. Além desses dois elementos, a questão do leitor como indivíduo é fundamental. Por essa razão, evocamos aqui Vicent Jouve (2002, p. 37), que nos apresenta uma reflexão sobre o conceito de *leitor*:

Esse último pode ser apreendido – individual ou simultaneamente – como um indivíduo concreto, o membro de um público reconhecido e uma figura virtual construída pelo texto. Na condição de indivíduo concreto, o leitor dificilmente é teorizável: reage ao texto em razão de parâmetros psicológicos e socioculturais extremamente diversificados.

Então, quando refletimos sobre o lugar do leitor dentro desse sistema social, precisamos entender que não nos referimos a uma pessoa específica, em virtude do alerta feito por Jouve (2002): o leitor, concreto, não pode ser teorizado justamente porque a condição humana é diversa e altamente complexa, de modo que aqui lidamos meramente com o fator pessoa-indivíduo.

> INDICAÇÃO CULTURAL
>
> Para mais reflexões, recomendamos a leitura de *Lector in fabula*, obra em que Umberto Eco apresenta uma série de reflexões sobre o papel do leitor dentro do estudo da literatura. Trata-se de um texto crítico essencial para qualquer pessoa que queira se aprofundar nos estudos literários e de semiótica.
>
> ECO, U. Lector in fabula. 2. ed. São Paulo: Perspectiva, 2008.

Voltando a Jouve (2002, p. 37), ele ainda argumenta que "no plano da história coletiva, o leitor pode ser apreendido por meio do público do qual participa". Ou seja, é clara a relação entre o coletivo (a noção de sociedade) e o individual (a noção de leitor como indivíduo).

O autor francês também afirma que o leitor efetivo

> remete não somente ao público contemporâneo da primeira publicação da obra, mas também a todos os públicos reconhecidos que a obra vai encontrar no decorrer de sua história. Se é interessante considerar esses públicos reconhecidos é porque toda leitura de um texto é disfarçadamente atravessada por leituras anteriores que foram feitas dele. Não se leria Montaigne da mesma forma se ele não tivesse sido lido, anteriormente, por Pascal. Do mesmo modo, nossa leitura de *Édipo rei* está, desde então, marcada pela análise de Freud. (Jouve, 2002, p. 37, grifo nosso)

No trecho que grifamos, temos um eco do que vimos previamente no décimo segundo motivo de Calvino: a relação de um livro com todos os livros que vieram antes dele. Em meio a isso tudo, percebe-se o leitor, que lida com uma obra que invariavelmente carrega consigo outras leituras conjuntas.

Um exemplo para considerarmos juntos é o clássico *Hamlet*, de Shakespeare. Como ignorar tudo o que já se disse e pensou sobre essa obra do começo dos anos 1600, todas as interpretações e críticas que suscitou ou toda a influência que exerceu? Certamente, seria possível fazer uma leitura totalmente "pura", isto é, não influenciada por outras leituras críticas acerca do texto, mas essa seria a exceção, não a regra.

O que pretendemos aqui é refletir sobre o fato de que, nesse clássico, assim como em tantas outras obras clássicas, há um *status* e uma dimensão de grandeza – no sentido de serem tão importantes e de ecoarem em tantas instâncias que chega a ser complexo demais quantificá-las –, de modo que simplesmente não podemos ignorar que o "ser ou não ser" ocupa espaço no imaginário popular mais do que a própria peça com suas 29.551 palavras (em inglês).

> Importante!
>
> Um necessário parêntese: caro leitor, propositalmente, todos os exemplos mencionados são de clássicos incontestes. Não o fazemos sem consciência, pelo contrário, visto que a intenção é nos fazermos entender justamente pela matéria que estamos discutindo. Ao pensarmos os clássicos, precisamos (veja só!) trazer para o centro da discussão esses mesmos clássicos, de maneira que a própria ideia para a qual apontamos seja exemplificada por si própria.

Então, das várias evocações teóricas realizadas até aqui, o que podemos tirar para a nossa reflexão acerca da relação entre literatura e texto clássico? Ora, se em um primeiro momento apontamos para uma relação entre a obra e seu meio, agora também devemos considerar o papel do leitor.

## umpontocinco
# O texto "clássico": um composto de muitos

De certo modo, o que muitos entendem por *texto clássico* deriva de uma noção um tanto quanto nebulosa de que existem, ao menos, duas literaturas: uma com "l" minúsculo e outra com "L" maiúsculo.

Tendo isso em vista, acompanhe o seguinte trecho de *D. Quixote de La Mancha*, de Miguel de Cervantes (2005, p. 52-53, grifo do original):

> CAPÍTULO VIII
>
> **Do bom sucesso que teve o valoroso D. Quixote na espantosa e jamais imaginada aventura dos moinhos de vento, com outros sucessos dignos de feliz recordação.**
>
> Quando nisto iam, descobriram trinta ou quarenta moinhos de vento, que há naquele campo. Assim que D. Quixote os viu, disse para o escudeiro:
>
> — A aventura vai encaminhando os nossos negócios melhor do que o soubemos desejar; porque, vês ali, amigo Sancho Pança, onde se descobrem trinta ou mais desaforados gigantes, com quem penso fazer batalha, e tirar-lhes a todos as vidas, e com cujos despojos começaremos a enriquecer; que esta é boa guerra, e bom serviço faz a Deus quem tira tão má raça da face da terra.
>
> — Quais gigantes? — disse Sancho Pança.
>
> — Aqueles que ali vês — respondeu o amo — de braços tão compridos, que alguns os têm de quase duas léguas.

— Olhe bem Vossa Mercê — disse o escudeiro — que aquilo não são gigantes, são moinhos de vento; e os que parecem braços não são senão as velas, que tocadas do vento fazem trabalhar as mós.

— Bem se vê — respondeu D. Quixote — que não andas corrente nisto das aventuras; são gigantes, são; e, se tens medo, tira-te daí, e põe-te em oração enquanto eu vou entrar com eles em fera e desigual batalha.

Dizendo isto, meteu esporas ao cavalo Rocinante, sem atender aos gritos do escudeiro, que lhe repetia serem sem dúvida alguma moinhos de vento, e não gigantes, os que ia acometer. Mas tão cego ia ele em que eram gigantes, que nem ouvia as vozes de Sancho nem reconhecia, com o estar já muito perto, o que era; antes ia dizendo a brado:

— Não fujais, covardes e vis criaturas; é um só cavaleiro o que vos investe.

Levantou-se neste comenos um pouco de vento, e começaram as velas a mover-se; vendo isto D. Quixote, disse:

— Ainda que movais mais braços do que os do gigante Briareu, heis-de mo pagar.

E dizendo isto, encomendando-se de todo o coração à sua senhora Dulcineia, pedindo-lhe que, em tamanho transe o socorresse, bem coberto da sua rodela, com a lança em riste, arremeteu a todo o galope do Rocinante, e se aviou contra o primeiro moinho que estava diante, e dando-lhe uma lançada na vela, o vento a volveu com tanta fúria, que fez a lança em pedaços, levando desastradamente cavalo e cavaleiro, que foi rodando miseravelmente pelo campo fora.

A passagem anterior é do famoso episódio dos moinhos de vento, quando D. Quixote se lança contra as edificações, acreditando piamente que está avançando contra gigantes. A cena é icônica e, certamente, faz parte do imaginário popular, já que foi base para um sem-número de produtos midiáticos e culturais. A Figura 1.1, de Salvador Dalí, é um exemplo.

Figura 1.1 – *Dom Quixote e Sancho Pança*, de Salvador Dalí

© Salvador Dalí, Fundación Gala-Salvador Dalí/ AUTVIS, Brasil, 2023. Bridgeman Images/Easypix Brasil

DALI, Salvador. **Don Quichotte e Sancio Panza**. 1964. 570 × 375 cm. Aquarela e bico de pena.

Essa e muitas outras imagens acompanham a edição de 1964 de *D. Quixote*. Nosso objetivo não é fazer uma leitura pictórica da obra, mas comentar que o episódio em questão é tão famoso que o grande Salvador Dalí fez uma pintura dele para ilustrar uma edição comemorativa da obra, datada de 1605.

Agora, observemos a Figura 1.2, a seguir.

Figura 1.2 – DON QUIXOTE FIGHTING WINDMILLS

G. A. Harker/Wikimedia Commons

BALDWIN, James. **Histórias de Dom Quixote:** escritas de novo para jovens. 1910.

 A imagem também faz uma representação da icônica cena de D. Quixote em carga contra os moinhos de vento. Caro leitor, o que está em jogo aqui é tanto o *status* da obra *D. Quixote* para a ideia que a sociedade faz desse texto quanto o próprio texto em si.
 Com efeito, não precisamos ter lido a cena do Capítulo VIII para compreender as imagens. Isso porque a obra de Cervantes não é apenas reconhecida como um grande clássico. Ela também figura em tantas outras obras e mídias que, apesar de não

termos lido uma página sequer do original, temos um mínimo conhecimento de sua história: um senhor idoso, no fim de sua vida, enlouquece e assume ser um dos cavaleiros que tanto apreciava nas obras de literatura de cavalaria que costumava ler; ele toma para si uma armadura velha e um pangaré, convence um homem a segui-lo como escudeiro e viaja em busca de aventuras, todas fabricações de sua própria imaginação, para, eventualmente, retornar à sua casa e morrer de velhice, já recuperado nos últimos momentos de sua insanidade.

> INDICAÇÃO CULTURAL
>
> A icônica obra *D. Quixote de La Mancha*, de Miguel de Cervantes, é uma das mais lidas de todos os tempos. A leitura do texto original é altamente recomendada não só por seu valor estético e cultural como também pela diversão e fruição proporcionadas por tão gostosa narrativa.
>
> CERVANTES, M. D. Quixote de La Mancha. São Paulo: EbooksBrasil, 2005.

Então, estamos diante de um cenário perigoso, mas natural: o *status* de não leitura das obras clássicas. Existem (e existiram) muitos livros, centenas de milhares, quem sabe, milhões. Logicamente, ler todos eles é tarefa tão impossível quanto definir o que é literatura. Não por acaso, muitas obras ou (i) se perdem e jamais serão lidas e conhecidas, ou (ii) não se perdem, sendo perpetuadas por meio de eventuais leituras ou sobrevivendo em outras mídias.

Tomemos como exemplo *Moby Dick*, de Herman Melville. Trata-se de uma leitura clássica em muitas escolas do sistema de ensino estadunidense, mas não no caso brasileiro. De certa forma, temos alguma noção da história narrada nesse texto de Melville: um capitão jura caçar e matar uma baleia depois de ela, ao se defender, arrancar-lhe uma perna. A narrativa termina com o barco sendo destruído, e há apenas um sobrevivente que pode relatar o que aconteceu.

De fato, não é preciso ler o livro para sabermos do que se trata ou a que remete, pois são várias as adaptações dessa obra: cinema, animações, temas de músicas etc. Logo, depreendemos que inúmeras obras literárias clássicas fazem parte de nosso conhecimento de mundo e do imaginário comum por intermédio de outras fontes que não o texto original.

Sobre isso, acompanhe a argumentação de Pierre Bayard (2007, p. 31-32):

> Assim, eu nunca "li" Ulisses de Joyce e provavelmente não o lerei jamais. O "conteúdo" do livro me é portanto consideravelmente estranho. Seu conteúdo, mas não sua situação. Mas o conteúdo de um livro é em grande medida sua situação. Quero dizer com isto que não me sinto nem um pouco inabilitado, numa conversa, para falar de Ulisses, pois sou capaz de situá-lo com uma relativa precisão em relação aos demais livros. Assim, sei que ele é uma reprise da *Odisseia*, que ele segue a corrente do fluxo de consciência, que sua ação transcorre em um dia etc. E por conta disso faço frequentemente, durante minhas aulas, sem pestanejar, referência a Joyce.

Ora, o que precisamos depreender desse excerto? Não há como nós, estudiosos de literatura, lermos e sabermos de tudo a todo instante, porém, com base em um conjunto de informações e ferramentas, podemos emitir opiniões sérias e embasadas justamente porque tais informações e ferramentas nos proporcionam inferências que não necessitam, obrigatoriamente, da leitura prévia. Mas atenção: não estamos afirmando que se pode opinar sem ler ou que isso seja uma justificativa para tal ato! Estamos dizendo que não é necessário ter lido uma obra para minimamente saber do que ela trata, a que remete e em qual sistema está inserida. Não precisamos, por exemplo, ler na íntegra a Bíblia ou o Corão para saber do que esses textos tratam; da mesma forma (saindo do campo religioso), não precisamos ler toda a produção de Machado de Assis e de Gustave Flaubert para reconhecer sua importância diante do que se convencionou denominar *realismo*.

Dessa forma, chegamos ao objetivo deste livro que está diante de você, leitor. Nos próximos capítulos, vamos nos aprofundar em algumas obras essenciais não só para compreender um pouco melhor alguns clássicos da literatura considerada "universal" através dos tempos, da Antiguidade até o século XX, mas também para refletir justamente sobre o porquê de certas escolhas em detrimento de outras quanto ao *corpus* literário.

Eis o nosso papel como estudiosos do texto de literatura: promover apenas a leitura e a compreensão, mas também o pensamento crítico acerca do que está sendo lido e daquilo que não está.

## Síntese

Neste capítulo, abordamos várias questões referentes à complexidade do ato de refletir sobre literatura. Para isso, evocamos teóricos e críticos literários tanto para embasar nosso texto quanto para servir como fonte de inspiração para boas práticas de análise literária e teórica. Como explicamos, nenhum livro está sozinho em relação a outros, e o mesmo ocorre com a análise e a teoria literárias – estamos todos em uma única trama, um único tecido.

Também destacamos a importância de considerarmos a materialidade linguística de um texto para que possamos analisá-lo e vimos que é impossível definir objetivamente o que é literatura.

Depois, refletimos sobre os 14 motivos elencados por Italo Calvino para a leitura de textos clássicos e, na sequência, discutimos as duas dimensões desse tipo de texto: uma engloba uma noção caldada na coletividade, e a outra está pautada na individualidade.

Por fim, argumentamos que um clássico transcende a mera condição de livro, pois, não raro, deixa suas páginas e passa a fazer parte do senso comum, por meio de outras mídias que incorporam o conteúdo do texto original. Logo, a obra se torna acessível a muitas pessoas não pela via tradicional (o livro), e sim por outras, como o cinema ou a música.

## Atividades de autoavaliação

1. Sobre os 14 motivos apregoados por Italo Calvino para a leitura dos clássicos, avalie as assertivas a seguir e indique V para as verdadeiras e F para as falsas.

    ( ) Ao elencar seus motivos, o autor é bastante pragmático e doutrinador, considerando como questão central a temática da leitura a partir dos clássicos.

    ( ) As leituras de Calvino sobre os clássicos, de certo modo, apontam para o mesmo caminho: uma leitura embasada no nacionalismo.

    ( ) Calvino apresenta a definição de que a literatura depende de uma noção intrínseca de sociedade, já que é a própria sociedade que define o que é literatura e o que é texto clássico.

    ( ) Os motivos apontados pelo autor, na realidade, estão no campo do subjetivo, ou seja, não direcionam olhares específicos, pois remetem muito mais à experiência de leitura.

    ( ) Calvino defende que não existem clássicos universais, e sim clássicos da humanidade como um todo, em que toda produção, seja qual for, é em si um próprio clássico.

    A seguir, assinale a alternativa que apresenta a sequência obtida:

    a. F, F, F, V, F.
    b. V, V, V, F, V.
    c. F, V, F, V, F.
    d. V, F, V, F, F.
    e. F, F, V, V, F.

2. O estudo da literatura e das obras clássicas é permeado de complexidades. Assinale a alternativa que apresenta, de modo sucinto, parte dessas complexidades:
   a. Textos antigos sem tradução para a língua materna; cuidado com a análise feita a partir da materialidade linguística.
   b. Como toda interpretação é válida, isso dificulta muito o estudo literário, uma vez que é necessário considerar ao menos boa parte deles antes de refletir sobre alguma obra.
   c. Impossibilidade de delimitar objetivamente o que é literatura e o que são textos clássicos; cuidado com a análise feita a partir da materialidade linguística.
   d. Necessidade de delimitar o texto com base em uma noção única de literatura: a acadêmica; cuidado com a análise feita a partir da materialidade linguística.
   e. Impossibilidade de delimitar objetivamente o que é literatura e o que são textos clássicos; multiplicidade de leituras sobre uma mesma obra, sendo necessário considerar todas ou quase todas para refletir sobre o texto analisado.

3. Quanto ao estudo da literatura e ao nosso papel como estudiosos do tema, podemos corretamente indicar que:
   a. não cabe ao estudo da literatura a consideração do contexto ou de elementos para além do que está contido no mundo da palavra escrita: tudo deriva apenas da palavra, unicamente.
   b. a literatura não demanda estudo, visto que a simples leitura basta.
   c. cabe ao estudioso estabelecer o que se pode ou não ler a partir de um texto, eliminando qualquer interpretação para além da visão acadêmica.

d. o estudo da literatura deve ser feito com responsabilidade e discernimento, de modo a não incorrer em superinterpretações do texto analisado.
e. a literatura não precisa ser lida para ser estudada, pois basta conhecer o contexto de vida do autor e de sua obra, o que já é suficiente para um conhecimento mais aprofundado sobre o tema.

4. Acerca do que afirma Pierre Bayard sobre a não leitura de muitos textos clássicos de literatura, assinale a alternativa correta:
   a. Não é preciso ler todo o conteúdo de uma obra para falar sobre ela, contanto que se conheça sua situação perante outras obras.
   b. Qualquer leitura é válida, já que a obra diz tudo aquilo que precisa ser dito.
   c. Qualquer leitura é válida, tão logo considere a vida e os detalhes da biografia do autor.
   d. O conteúdo é mais importante que saber situar a obra.
   e. Qualquer leitura somente será válida se o conteúdo que ela apresenta for considerado.

5. Sobre o aspecto da materialidade linguística sob o ponto de vista da análise literária, assinale a alternativa correta:
   a. Importam apenas o texto e a palavra escrita, sem ser necessário levar em conta o contexto de produção ou outras informações.
   b. O texto escrito sempre deve ser considerado diante da biografia do autor, uma vez que um não pode ser analisado sem o outro.
   c. A palavra escrita sempre permite apenas uma única leitura e, com efeito, uma única interpretação.

d. A palavra escrita nem sempre permite apenas uma única leitura; portanto, qualquer interpretação é sempre válida.

e. É sempre necessário considerar aquilo que está escrito, mas, por vezes, também é preciso levar em conta o contexto de produção e outras informações para além do texto literário.

## Atividades de aprendizagem

### Questões para reflexão

Neste capítulo, lidamos com questões complexas, como: De que modo definir facilmente o que é, de fato, literatura? De que modo delimitar o que é um texto clássico e o que não é um texto clássico? Diante disso, propomos, a seguir, duas atividades para uma reflexão sobre o tema:

1. Tendo em vista os textos teóricos que escolhemos para a condução deste capítulo, como pensar naquilo de que não demos conta? Obviamente, o tema é rico e vasto e são várias as nuances e formas de abordagem, mas o ponto de reflexão é, justamente, um pensamento crítico acerca do que trabalhamos: De que modo podemos pensar o estudo da literatura sob outros vieses?

2. O entendimento do que é considerado literatura e do que é tido como texto clássico depende de uma indissociável noção conjunta de sociedade. Considerando essa formulação, reflita: Como o estudo da literatura pode nos oferecer um olhar diferenciado não apenas sobre o texto analisado, mas também sobre a própria constituição da sociedade?

## Atividade aplicada: prática

1. Elabore uma lista contendo um conjunto de obras de literatura que você considera como parte de seu *corpus* de textos clássicos pessoais. Depois, procure estabelecer pontes com outras mídias, a fim de refletir sobre como as obras que você toma por clássicas estão representadas para além do texto literário. Na sequência, investigue com seus colegas que compartilham do mesmo interesse qual seria o *corpus* de textos clássicos deles (você também pode realizar essa pesquisa em fóruns de literatura na internet). A comparação e o diálogo não só enriquecem o debate literário como também servem como exercício de alteridade e reafirmação do que estudamos neste capítulo acerca do fato de o indivíduo estar inserido em um corpo social que entende, à sua própria maneira, o que é ou não um texto clássico.

{

um   a literatura, a sociedade, o texto clássico e o leitor
dois   *Odisseia* e *Decamerão*
três   *Fausto* e *Madame Bovary*: ambição e engano
quatro   *Os assassinatos na Rue Morgue* e *Memórias póstumas de Brás Cubas*: metaliteratura e jogos com os leitores
cinco   *A metamorfose* e *Mrs. Dalloway*: indivíduos profundamente complexos em suas solidões
seis   os clássicos hoje

❈ NESTE CAPÍTULO, TEMOS a complexa tarefa de unir duas obras separadas por séculos de diferença: *Odisseia*, de Homero, e *Decamerão*, de Boccaccio. Na primeira parte, vamos trazer um olhar geral sobre a obra homérica, para depois refletirmos acerca da importância de estudar esse clássico e as dificuldades que envolvem esse texto em essência, o que os estudiosos chamam de *questão homérica*, algo indissociável do estudo do texto da *Odisseia*. Em seguida, adentraremos na materialidade linguística da obra, analisando alguns trechos e examinando sua estrutura.

Na sequência, abordaremos os dois livros que são tema deste capítulo sob uma dupla perspectiva, tanto de aproximação quanto de afastamento, momento no qual passaremos ao estudo propriamente dito do *Decamerão*. Primeiramente, versaremos sobre as características gerais da obra e, depois, faremos uma análise do texto e de suas características únicas.

doispontoum
# *Odisseia*: o clássico primordial

Antes de iniciarmos a discussão das obras deste capítulo, cabe fazer a seguinte provocação: Como entender uma sociedade que data de, aproximadamente, mais de 2.700 anos? Há quem diga que poderíamos tecer algumas hipóteses mediante o estudo historiográfico baseado na análise de vasos, estátuas e restos físicos de construções e de pessoas. Também há os que defendem que isso poderia ser feito por meio do estudo das fontes textuais que atestam certos acontecimentos e que somente assim seria possível compreender realmente o que se passou. Mas e se não pudermos contar nem com a primeira nem com a segunda possibilidade? No caso da Guerra de Troia, por exemplo, seria ela um mito ou um conflito milenar, que apenas sobreviveu graças à palavra cantada de Homero?

Caro leitor, temos aqui um mistério, até o momento, insolúvel. A única coisa concreta de que dispomos – e, ainda assim, não tão confiável quanto aparenta ser, conforme veremos na sequência – é um longo poema épico com 12.109 versos hexâmetros, escrito entre VIII e VII a.C. Nele está descrita a viagem de retorno de Odisseu para sua casa, na ilha de Ítaca – daí o nome *Odisseia* (a história de Odisseu). O que se sucede na obra ocorre após a mítica Guerra de Troia, abordada com maior profundidade em outra obra de Homero, a *Ilíada*.

Então, se há aqui uma situação misteriosa, como estudá-la? Ora, precisamos nos orientar a partir do que a crítica especializada e outros pesquisadores já pensaram e escreveram sobre essa tão importante obra. Dessa forma, evocamos agora o que aponta Bernard Knox (2011, p. 7, grifo do original), estudioso da *Odisseia*, em sua introdução à versão publicada pela Penguin Classics Companhia das Letras:

> "Odisseia" é uma palavra comum a várias línguas, com suas respectivas variações, e significa, em uma definição genérica, "uma longa jornada cheia de aventuras e eventos inesperados". Já a palavra grega *Odusseia*, a forma da qual o termo deriva, significa meramente "a história de Odisseu" [em latim, Ulisses], herói grego da guerra de Troia que levou dez anos para regressar ao seu lar na ilha de Ítaca, ao largo da costa oeste da Grécia Continental. A *Odisseia* de Homero de fato nos apresenta "uma longa jornada" e "eventos inesperados", mas é também a narrativa épica do retorno de um herói que encontra em sua casa uma situação mais perigosa do que qualquer outra que tenha enfrentado nas planícies de Troia ou em suas viagens por mares inexplorados.

Do excerto podemos inferir algumas questões. A primeira diz respeito à importância que esse texto de Homero adquiriu em nossa sociedade e nas outras que vieram após a obra "comum a várias línguas" – obviamente, não todas, mas, a partir de 1480, em boa parte do Ocidente –, pois o próprio nome do longo poema passou a significar a ideia de uma viagem de aventuras. A segunda se refere à noção de que a viagem em si não é o único foco do livro, e sim o retorno e a chegada em casa.

## 2.1.1 Por que estudar a *Odisseia*?

Em seu prefácio à obra traduzida, Frederico Lourenço (2011b, p. 95, grifo nosso e do original) assim afirma:

> A Odisseia de Homero é, depois da Bíblia, o livro que mais influência exerceu ao longo dos tempos no imaginário ocidental. Não é por acaso que a literatura romana começa, no século III a.C., com a tradução para latim da *Odisseia*, tarefa empreendida por Lívio Andronico, que preteriu significativamente a *Ilíada* em favor do poema sobre o retorno de Ulisses. E, embora durante a Idade Média essa influência tenha sido operada por via indireta, principalmente por textos derivados da *Odisseia* (como a *Eneida* de Virgílio e as *Metamorfoses* de Ovídio), o Renascimento, com a nova tradução para latim da *Odisseia* de Leôncio Pilato, que tanto encantou Petrarca e Boccaccio, veio repor a primazia do modelo homérico, a ponto de a *Odisseia* ter acabado por ofuscar qualquer outro poema épico, à exceção talvez da *Eneida*.

Conforme abordamos no primeiro capítulo desta obra, a constituição de um texto clássico se dá na mesma medida em que a sociedade entende o que é ou não literatura e o que compõe o rol de textos canônicos e entendidos como "clássicos". Sob essa perspectiva, não à toa, no trecho que grifamos, explicita-se justamente essa dimensão que a *Odisseia* ocupa: uma posição tão importante quanto o conjunto de textos bíblicos. Erich Auerbach concordava com essa avaliação, tanto que o primeiro capítulo de seu *Mímesis* é, precisamente, uma análise tanto da Bíblia quanto da *Odisseia*, o que está explicitado na seguinte afirmação do autor: "esses estilos [o da *Odisseia* e da Bíblia] exerceram influência constitutiva sobre a representação europeia da realidade" (Auerbach, 2013, p. 20).

Bem, não é nosso interesse esmiuçar a análise de Auerbach, e sim recorrer às ideias desse autor como argumento para responder à pergunta que norteia nossa discussão. Ora, a necessidade de se estudar a *Odisseia* não decorre apenas de seu reconhecimento como obra clássica, mas também do fato de muitos estudiosos de literatura entenderem, e concordarem, que tal obra influenciou muitos textos que viriam a ser escritos depois.

De acordo com o que vimos ao tratarmos dos 14 motivos elencados por Calvino (1991), comprovamos aqui a característica de discussão que o texto clássico promove não somente com seu próprio tempo, mas com aquilo que está por vir. É exatamente isso que a *Odisseia* faz, já que muitas obras se voltam ao texto homérico como fonte de inspiração, diálogo, contravenção ou ressignificação. A ideia da viagem é essencial para a literatura, e estudar essa obra é, de certa forma, estudar o próprio arquétipo de todas as viagens.

## doispontodois
## A questão homérica

Com relação à *Odisseia*, uma discussão bastante importante diz respeito à sua autoria. Comumente, atribuem-se a Homero tanto a criação dessa obra quanto a da *Ilíada*. No entanto, ao menos desde 1769, certos teóricos debatem alguns detalhes da vida de Homero, da qual conhecemos praticamente nada, a começar pela questão de ser uma só pessoa ou um grupo de pessoas, seguida da questão de ele ser ou não analfabeto, dada a natureza claramente oral do poema épico.

Como pouco se sabe via fontes textuais acerca do período em que a obra foi escrita, obviamente não existem muitas informações sobre Homero. Em suma, a esse debate deu-se o nome de *questão homérica*, que justamente sintetiza a dimensão na qual nós, estudiosos de literatura, nos inserimos ao estudar um texto de aproximadamente 2.700 anos – cabe destacar, também, a imprecisão quanto à época exata de publicação, já que trabalhamos com uma estimativa.

A esse respeito, evocamos o aparato teórico e o que outros estudiosos já pesquisaram sobre o tópico. Primeiramente, vejamos o que Knox (2011, p. 13-14, grifo do original) afirma em sua introdução à *Odisseia*:

> Apenas no século XVIII a possibilidade do analfabetismo de Homero foi proposta novamente. O viajante inglês Robert Wood, em seu *Essay on the original Genius of Homer* (1769), sugeriu que o poeta era tão analfabeto quanto seus personagens Aquiles e Ulisses. O acadêmico alemão F. A. Wolf desenvolveu a teoria em um discurso erudito intitulado *Prolegomena ad Homerum*, e assim teve início a extensa e complexa Questão Homérica. Pois se Homero era analfabeto, declarou Wolf, não poderia ter escrito poemas tão longos quanto a *Ilíada* e a *Odisseia*; devia ter deixado poemas mais curtos que, preservados pela memória, foram mais

tarde (muito mais tarde, na opinião de Wolf) reunidos em algo parecido com a forma que hoje conhecemos. A tese de Wolf foi quase universalmente aceita tão logo foi publicada. Surgiu na hora certa. Quase um século antes disso, o filósofo napolitano Giambattista Vico alegara que os poemas homéricos eram a criação não de um único homem, mas de todo o povo grego. [...] E os estudiosos, convencidos de que a *Ilíada* e a *Odisseia* consistiam em antigos poemas mais curtos reunidos mais tarde por compiladores e editores, voltavam-se com prazer à tarefa de desconstrução, de reconhecer os alinhavos e isolar as 'canções' ou 'baladas' em sua beleza primitiva, pura. Essa prática manteve-se durante todo o século XIX e adentrou o século XX.

Assim, nós, estudiosos de literatura, precisamos compreender que tal discussão ainda não se exauriu e, de certo modo, é inerente à reflexão deste grande clássico que é a *Odisseia*. Ao lidarmos com o texto homérico, inevitavelmente nos deparamos com a questão homérica. Portanto, é necessário levá-la em consideração em nossos esforços de análise.

No artigo "A *Ilíada* por Odorico Mendes: prólogo inédito da tradução", Yee, Souza e Lima (2010, p. 58, grifo do original) mencionam que

> a "questão homérica", isto é, as indagações a respeito da autoria da *Ilíada* e da *Odisseia*, bem como as dúvidas sobre a própria existência do autor, não são recentes e ainda estão longe de serem exauridas. Ao mesmo tempo, é possível afirmar que os questionamentos e discussões apontados por Odorico Mendes, relativamente às

investigações sobre as obras atribuídas a Homero são bem atuais, posto que o tema permanece aberto à discussão.

Nessa ótica, análises sobre a autoria da obra, para além da análise do texto, são bem-vindas e abertas a novas descobertas, dado que muito pouco se sabe da época em que Homero viveu e em que seus textos foram produzidos. Quem sabe algum dos leitores não se interesse justamente em tentar decifrar esse mistério?

## 2.2.1 A *Odisseia* e a materialidade linguística

Ao pensarmos na *Odisseia*, o trabalho com o texto escrito, a materialidade da palavra como significante e significado, é de extrema relevância. Tendo isso em vista, convém pontuar a diferença abismal entre a pretensa primeira forma na qual o texto foi conjugado (oralmente), por um potencial Homero de que desconhecemos maiores detalhes, e as versões em texto que atualmente estão disponíveis.

A *Odisseia* conta com algumas traduções para o português, a saber: a de Frederico Lourenço, que utilizamos nas citações ao longo deste capítulo, publicada pela Penguin Classics Companhia das Letras; a de Donaldo Schüler, publicada pela L&PM; a de Trajano Vieira, publicada pela Editora 34, vencedora do Prêmio Jabuti de 2012; a de Christian Werner, publicada pela CosacNaify. Todas essas são publicações mais recentes do texto. Porém, já existiam algumas traduções mais antigas, entre as quais estão a de Odorico Mendes, realizada ainda no século XIX e publicada em 1928, e a de Carlos Alberto Nunes, de 1960.

Se existem várias traduções para o português, podemos supor que o mesmo se aplica a outras línguas e, inclusive, a variações do grego, a língua original. Obviamente, se considerássemos essa limitação, estaríamos cerceados da possibilidade de analisar boa parte dos textos antigos. Mas aqui não pretendemos de modo algum criar um impedimento para o estudo do texto em si a partir da análise das palavras empregadas pelo tradutor, afinal, confiamos na seriedade do trabalho e no cuidado linguístico, a despeito da natural diferença entre original e obra traduzida.

Nessa perspectiva, acompanhe o que o tradutor da versão que utilizamos afirma em sua "Nota sobre a tradução" (Lourenço, 2011a, p. 109, grifo do original):

> Procurei respeitar também a estética enunciativa do verso homérico no que concerne à alternância entre versos autocontidos, que formam um enunciado completo, e versos que cavalgam no seguinte. [...]
>
> Na maior parte dos casos, foi possível fazer corresponder a cada verso em grego um verso em português. Houve passagens, no entanto, em que tal processo não me pareceu exequível, pelo que optei por desdobrar o enunciado grego. Por conseguinte, esta *Odisseia* em português tem alguns versos a mais que a *Odisseia* em grego; mas significa também que, do conteúdo do original, pouco – diria mesmo nada – se perdeu. Para o leitor a quem interesse o cotejo de ambos os textos, os números na margem esquerda da página indicam a numeração dos hexâmetros gregos a que correspondem os versos em português.

Não avançaremos no mérito da discussão teórica. Entretanto, consideramos necessário pontuar o cuidado que devemos ter como estudiosos de literatura. Agora, acerca da questão referente à linguagem da *Odisseia* e do texto homérico como algo em si mesmo, leia o que Knox (2011, p. 19-20) aponta em sua "Introdução" à *Odisseia*:

> A língua de Homero é, naturalmente, um problema em si. Uma coisa é certa: trata-se de uma língua que ninguém nunca falou. É uma língua artificial, poética – como propõe o estudioso alemão Witte, "a língua dos poemas homéricos é uma criação em versos épicos". Era também uma língua difícil. Para os gregos da época dourada, o século V a.C., no qual inevitavelmente pensamos quando dizemos "os gregos", o idioma de Homero estava longe de ser claro, e era repleto de arcaísmos [...] Na realidade, ninguém nem sonharia em empregar a linguagem de Homero, à exceção dos bardos épicos, sacerdotes oraculares e parodistas eruditos.

Com isso explicado, voltemo-nos ao texto, que é composto, essencialmente, por três momentos:

I. Telemaquia (cantos I a IV): aqui, a história é contada a partir da visão do filho de Odisseu e Penélope, Telêmaco, já que a Guerra de Troia tinha terminado dez anos antes e, até então, não havia sinal de retorno do herói para casa.

Observe o trecho inicial (Homero, 2011, p. 119, grifo nosso):

Canto I
Fala-me, Musa, do homem astuto que tanto vagueou,
depois que de Troia destruiu a cidadela sagrada.
Muitos foram os povos cujas cidades observou,
cujos espíritos conheceu; e foram muitos no mar
os sofrimentos por que passou para salvar a vida,
para conseguir o retorno dos companheiros a suas casas. (05)
Mas a eles, embora o quisesse, não logrou salvar.
Não, pereceram devido à sua loucura,
insensatos, que devoraram o gado sagrado de Hipérion,
o Sol – e assim lhes negou o deus o dia do retorno.
Destas coisas fala-nos agora, ó deusa, filha de Zeus. (10)

Perceba o começo *in media res*, ou seja, o texto já tem início pelo meio da história. Os termos que destacamos revelam alguns aspectos interessantes e importantes a serem pontuados: primeiro, a invocação da musa da literatura, no caso, Calíope; ainda, a ordem dada à musa – "Fala-me" – é técnica e estilo próprio de Homero, uma vez a *Ilíada* começa da mesma forma (Homero, 2008, p. 8):

Canto I
A cólera canta, deusa, do Pelida Aquiles,
Cólera funesta que inúmeras dores para os aqueus trouxe
E muitas vidas valorosas no Hades precipitou –
Vidas de heróis – e deles pasto fez para os cães
E os pássaros todos, de Zeus cumprindo o desígnio,
Desde quando, primeiro, separaram-se, em conflito,
O Atrida rei dos guerreiros e o divino Aquiles.

II. A viagem de Odisseu e suas desventuras (cantos V a XII): Odisseu sai da Ilha de Calipso e chega ao país dos Feácios, onde rememora suas desventuras ao rei, Alcínoo. É nesta parte que os aspectos mais fantásticos da epopeia surgem e são narrados:

Canto VII
"Estrangeiro, deixa-me colocar-te primeiro esta pergunta.
Quem és tu? E quem te ofereceu as roupas que vestes?
Não disseste que foi vagueando pelo mar que aqui chegaste?"
Respondendo-lhe assim falou o astucioso Ulisses: (240)
"Seria difícil, ó rainha, narrar os males de modo contínuo,
visto que os deuses celestes me castigaram.
Mas responderei àquilo que interrogas e perguntas.
Ogígia é uma ilha lá longe no meio do mar.
Aí vive a filha de Atlas, a ardilosa Calipso (245)
de belas tranças, terrível deusa. Nenhum dos deuses
com ela se relaciona, nem nenhum dos homens mortais.
Mas o destino me levou até a lareira da deusa, sozinho;
pois com seu relâmpago incandescente Zeus me atingira
A nau veloz, e a estilhaçara no meio do mar cor de vinho. (250)
Foi então que pereceram todos os valentes companheiros,
mas eu fiquei agarrado à quilha da nau recurva e fui levado
durante nove dias. Quando sobreveio a décima noite negra,
fizeram os deuses que eu chegasse à ilha de Ogígia, onde vive
Calipso de belas tranças, terrível deusa. Ela acolheu-me; (255)
com gentileza me estimou e alimentou. Prometeu-me
a imortalidade, para que eu vivesse sempre isento de velhice.

> Mas nunca convenceu o coração dentro do meu peito.
> Aí fiquei durante sete anos, e sempre umedecia
> com lágrimas as vestes imortais que me dera Calipso. (260)
> Mas quando, volvido o seu curso, chegou o oitavo ano,
> foi então que ela me ordenou e incitou a partir,
> ou por ordem de Zeus, ou porque assim ela pensara.
> Mandou-me embora numa jangada bem atada, e deu-me
> muitas coisas: pão, vinho doce, e vestes imortais. (265)
> Fez soprar um vento favorável, suave e sem perigo.
> Durante dezessete dias naveguei sobre o mar;
> no décimo oitavo dia apareceram as montanhas sombrias
> da vossa terra: alegrou-se à sua vista o coração deste homem
> malfadado: pois na verdade eu estava prestes a sofrer algo (270)
> De terrível que contra mim mandara Posêidon, Sacudidor da Terra.
> (Homero, 2011, p. 232-233, grifo nosso)

Desse excerto destacamos alguns elementos. O primeiro se refere à repetição de construções frasais, como no caso da enunciação em torno de Calipso (que grifamos). Atribuímos esse elemento à natureza oral do texto, visto que, durante uma história contada (e não lida, portanto), a repetição serve tanto a quem narra quanto a quem escuta, de modo a reforçar uma característica do personagem. No caso, Calipso é insistentemente qualificada como inteligente, terrível e bonita. Além disso, há uma pequena contradição no relato de Odisseu: no verso 247, indica-se que ela não se relaciona com nenhum outro deus, mas, no verso 263, o herói teoriza que talvez ela o tenha libertado por ordens diretas de Zeus.

III. Mnesterofonia, ou seja, a vingança de Odisseu (cantos XIII a XXIV): na parte final da *Odisseia*, os cantos narram como o herói consegue retornar à sua terra natal e a encontra repleta de pretendentes, os mnesteres, que estão tentando desposar Penélope, sua esposa e rainha de Ítaca. O trecho a seguir enfoca o momento em que Odisseu/Ulisses chega, enfim, em casa (Homero, 2011, p. 340, grifo nosso).

Acordou então o divino Ulisses,
que dormia na sua terra pátria, embora a não reconhecesse,
pois estava fora há tanto tempo e à sua volta a deusa
Palas Atena, **filha de Zeus**, derramara uma neblina (190)
para torná-lo irreconhecível e para lhe explicar tudo primeiro –
não fossem a esposa, os cidadãos e os amigos reconhecê-lo
antes de ele castigar toda a transgressão dos pretendentes.
Por isto todas as coisas pareciam estranhas ao soberano:
os caminhos contínuos; os portos, ancoradouros de todos; (195)
os rochedos escarpados e as árvores frondosas.
Levantou-se e olhou, de pé, para a terra pátria.
Em seguida gemeu e, batendo com as mãos nas coxas,
lamentou-se e proferiu as seguintes palavras:
"Ai de mim, a que terra de homens mortais chego de novo? (200)
Serão eles homens violentos, selvagens e injustos?
Ou serão dados à hospitalidade e tementes aos deuses?
Para onde levarei todas estas riquezas? E eu, para onde
vaguearei agora? [...]

Quanto ao trecho grifado, destacamos a característica que Erich Auerbach (2013, p. 3) aponta em sua obra *Mímesis*: "necessidade do estilo homérico de não deixar nada do que é mencionado na penumbra ou inacabado". Ou seja, tudo o que aparece dentro do texto é explicado ao leitor, mesmo sendo óbvio ou de conhecimento prévio, como o fato de Atena ser filha de Zeus. Logicamente, em uma sociedade helênica que não só cultuava esses deuses, mas os entendia como inerentes à sua própria cultura, é óbvia a filiação da deusa Atena; no entanto, é marca característica do texto de Homero nunca deixar uma informação pela metade ou incompleta (ou "na penumbra", nas palavras de Auerbach).

Do exposto, em nossa análise, podemos inferir que o texto da *Odisseia*, em certa medida, é acessível a um leitor ou ouvinte que desconheça a bagagem cultural e mitológica que circunda a obra, dado que ela própria se encarrega de lhe explicar tudo.

## dois*pontotrês*
## Uma viagem que une e separa: de Homero a Boccaccio

No início deste capítulo, mencionamos uma característica fundamental a ser considerada quando se estudam obras tão distantes no tempo. Sobre isso, observe a Figura 2.1, a seguir.

Figura 2.1 – Linha do tempo: *Odisseia*, *Decamerão* e a Bíblia

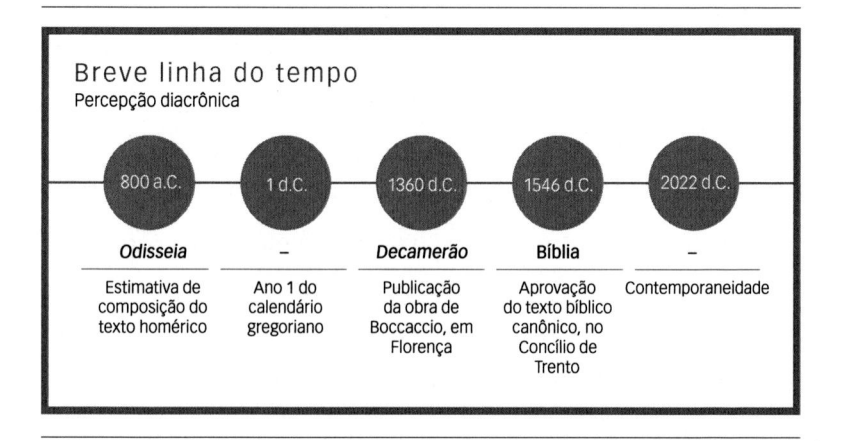

| Breve linha do tempo | | | | |
|---|---|---|---|---|
| Percepção diacrônica | | | | |
| 800 a.C. | 1 d.C. | 1360 d.C. | 1546 d.C. | 2022 d.C. |
| *Odisseia* | – | *Decamerão* | Bíblia | – |
| Estimativa de composição do texto homérico | Ano 1 do calendário gregoriano | Publicação da obra de Boccaccio, em Florença | Aprovação do texto bíblico canônico, no Concílio de Trento | Contemporaneidade |

Sabemos que, no trabalho de análise literária, para além do próprio texto, devemos levar em conta o contexto de produção e a sociedade da época em que o autor criou a obra analisada. Tendo em vista os dois textos que são tema deste capítulo, é mais fácil compreender a sociedade que viu nascer *Decamerão* do que o panorama que os gregos viviam à época da *Odisseia*. Isso em razão das dificuldades relacionadas à questão homérica e à ausência de registros textuais sobre o período de composição do texto homérico. Entretanto, deixando as diferenças e o abismo temporal de lado, pensemos sob outro viés: o da aproximação.

Como reunir diferentes obras, contextos, tempos e períodos em uma análise que inclua, e não exclua? Ora, caro leitor, eis o trabalho daquele que se interessa pela literatura e seus estudos. São justamente essas "costuras", tal como em uma colcha de retalhos, que fazem essa atividade ser tão interessante.

Para nos aprofundarmos nessa aproximação, vamos examinar o que alguns estudiosos já pensaram sobre o tema. Considere o que afirma Bernard Knox (2011, p. 9) na "Introdução" à edição da *Odisseia* publicada pela Penguin Classics Companhia das Letras:

> Desde 1488, portanto, há uma história ininterrupta do texto impresso de Homero, que difere um pouco de um editor para outro, mas é essencialmente inalterável. Antes disso, sua poesia existia apenas como livro escrito à mão. Tais exemplares manuscritos permaneceram em circulação na Itália por cerca de cem anos antes da primeira edição impressa. Petrarca tentou aprender grego, mas desistiu; Boccaccio conseguiu e instituiu, além disso, em 1360, uma cátedra de grego em Florença. Mas antes de Petrarca, Dante, embora tenha situado Homero em seu limbo de poetas não cristãos, nunca o havia lido, e não poderia tê-lo feito mesmo que houvesse visto o texto. Durante quase mil anos, a partir da queda do Império Romano, o conhecimento do grego praticamente se perdeu na Europa ocidental.

Destacamos aqui a influência do universo helênico (a exemplo da presença incontestável da *Odisseia*) no autor Giovanni Boccaccio, estudioso do mundo e da língua gregos. Em *Decamerão*, a começar pela escolha do nome dos personagens, há uma óbvia proximidade com a cultura grega. O seguinte trecho reforça esse laço:

> Pampineia, coroada rainha, ordenou que todos se calassem e, mandando chamar os criados dos três jovens e suas criadas, que eram quatro, quando todos se calaram, disse:

— Para ser a primeira a lhes dar o exemplo que sirva ao nosso grupo de constante melhoria, de modo que sem nenhuma desonra ele viva e dure com ordem e prazer enquanto assim quisermos, constituo Pármeno, criado de Dioneu, meu senescal e o incumbo dos cuidados e do atendimento de toda a nossa criadagem, bem como de tudo o que diga respeito ao serviço do salão. Sirisco, criado de Pânfilo, deverá ser nosso despenseiro e tesoureiro, obedecendo às ordens de Pármeno. Tíndaro deve ficar a serviço de Filostrato e dos outros dois, cuidando de seus aposentos, caso os outros, impedidos por suas incumbências, não possam cuidar disso. Mísia minha criada, e Licisca, a de Filomena, ficarão o tempo todo na cozinha e deverão preparar diligentemente os pratos que Pármeno lhes ordenar. Desejamos que Quimera, criada de Lauretta, e Estratília, a de Fiammetta, cuidem atentamente dos quartos das mulheres e da limpeza dos lugares onde estivermos; e de todos em geral, na medida em que lhes for importante a nossa estima, esperamos e exigimos que, para onde quer que se dirijam e de onde quer que retornem, se abstenham de nos dar notícias do que ouvirem ou virem lá fora, a não ser que sejam boas. (Boccaccio, 1997, p. 31)

Evidentemente, essa influência não é suficiente para tecermos um paralelo sólido e concreto entre ambos os textos. Contudo, cabe-nos recuperar a finalidade desta obra introdutória: possibilitar caminhos para que você, leitor e estudioso de literatura, avance em direções das quais este livro não dá conta. Portanto, reforçamos o convite a um estudo mais aprofundado acerca de um tema pouco elaborado.

Como aponta Antonio Candido (2000, p. 12) em *Literatura e sociedade*, "a literatura, como fenômeno de civilização, depende, para se constituir e caracterizar, do entrelaçamento de vários fatores sociais. Mas, daí a determinar se eles interferem diretamente nas características essenciais de determinada obra, vai um abismo, nem sempre transposto com felicidade".

Ora, um ponto nevrálgico no paralelo entre as duas obras reside justamente no paradoxo que é a análise das respectivas sociedades. Quanto ao *Decamerão*, conhecemos muito bem a sociedade e a época em que o texto foi concebido – a própria obra serve de registro histórico, dada sua objetividade nos relatos. Já na *Odisseia*, lidamos com uma sociedade grega "fantasma", visto que o conteúdo do texto – o mito – não contribui para entendermos objetivamente o contexto social no qual o livro foi concebido. Se podemos conjecturar – com uma margem de certeza – a partir da obra de Boccaccio, em Homero estamos – ao contrário do que ocorre em seu texto – na penumbra.

doispontoquatro
## *Decamerão*: uma visão geral

Marcado por uma prosa fluida e centrada na narração de acontecimentos – diferente de outros textos que analisamos nesta obra –, o *Decamerão* de Boccaccio aborda uma gama de temáticas variadas e inovadoras, quando consideramos seu contexto de produção, entre 1348 e 1353, na região de Florença. Recheado de críticas religiosas, sexuais e de costumes, o texto é, inegavelmente, o que poderíamos pensar como algo "à frente de seu tempo".

> ### Fique atento!
>
> Um parêntese importante: logicamente, nenhuma obra ou autor é, de fato, à frente de seu próprio tempo, uma vez que uma sociedade – demarcada por um tempo, um espaço, uma cultura e outros tantos elementos – influencia diretamente os indivíduos que a compõem. Logo, não estamos querendo dizer que Boccaccio é um viajante do tempo ou alguém estranho ao seu próprio meio. Porém, se tomarmos obras da mesma época, em uma leitura comparada, perceberemos que, de fato, o *Decamerão* destoa das demais. Isso geralmente é identificado como algo que está "à frente de seu tempo", pois se trata do precursor de um movimento que só se concretizaria muitos anos depois.

Mas qual é o motivo dessa nossa tergiversação? Em *Decamerão*, tanto no tema (por exemplo, a questão – explícita em sua obra – da sexualidade e da liberdade feminina) quanto na forma, Boccaccio trabalha o diálogo com o leitor e a metalinguagem, o que projeta essa obra a um patamar único perante outras que datam da mesma época. Para muitos, esse fato isolado, por si só, constitui elemento crucial para a apreciação do texto como sendo um clássico da literatura universal.

Retomando os 14 motivos elencados por Italo Calvino (1991), vemos que alguns deles apontavam justamente para esta característica: um clássico, em alguma medida, dialoga com tempos que não apenas os seus, projetando discussões e reflexões que o tornam, de um jeito ou de outro, universal. Tendo isso em vista, vamos, primeiramente, examinar a forma e o estilo do autor. Para tanto, acompanhe o início de *Decamerão*:

> Graciosas senhoras, quanto mais penso cá comigo e contemplo como são as senhoras naturalmente piedosas, mais concluo que esta obra lhes parecerá austera e pesada no princípio, assim como o é a dolorosa lembrança da última peste, com que ela se inicia, para todos os que a viram ou que de algum outro modo souberam de seus estragos. Mas não quero que isso as assuste e impeça de prosseguir, como se, lendo, houvessem de estar sempre entre suspiros e lágrimas. Este horripilante início não deve ser diferente do que é para o caminhante a montanha acidentada e íngreme, atrás da qual se encontre uma planície belíssima e amena, que lhe parecerá tanto mais agradável quanto maior tiver sido o padecimento da subida e da descida. E, assim como os confins da alegria são ocupados pela dor, as misérias têm seus limites no contentamento que sobrevém. A este breve aborrecimento (digo breve porque contido em poucas linhas) seguem-se logo o deleite e o prazer já prometidos, que talvez não fossem esperados de tal início, caso isto não fosse dito. Na verdade, se me tivesse sido possível levá-las convenientemente àquilo que desejo por outro caminho, e não por esta senda tão árdua, eu o teria feito de bom grado: mas como, sem esta rememoração, não seria possível explicar por qual razão ocorreram as coisas que a seguir serão lidas, disponho-me a descrevê-las como que impelido pela necessidade. Digo, pois, que os anos da frutífera encarnação do filho de Deus já haviam

chegado ao número 1348 quando, na insigne cidade de Florença, a mais bela de todas as da Itália, ocorreu uma peste mortífera, que – fosse ela fruto da ação dos corpos celestes, fosse ela enviada aos mortais pela justa ira de Deus para correção de nossas obras iníquas – começara alguns anos antes no lado oriental, ceifando a vida de incontável número de pessoas, e, sem se deter, continuou avançando de um lugar a outro até se estender desgraçadamente em direção ao ocidente. (Boccaccio, 1997, p. 15, grifo nosso)

Perceba que destacamos justamente a consciência autoral que a metalinguagem produz no texto. Trata-se de uma marca linguística e estilística extremamente relevante, em especial para uma obra do século XIV. Nos capítulos seguintes, veremos que essa é uma marca do texto machadiano, por exemplo, séculos depois de Boccaccio – no final dos 1800, ou seja, mais de 500 anos depois.

Em essência, podemos pensar que, em um texto, a função da metalinguagem é promover uma quebra na experiência de leitura. Explicamos: quando lemos, somos transportados e guiados conforme a narrativa nos conduz. Como o texto do *Decamerão* é altamente centrado em múltiplos enredos, dada a natureza de coletânea da obra, ao dialogar com seu público leitor – o feminino –, Boccaccio deliberadamente interrompe a fluidez do texto quando assume que o que está sendo narrado está contido em um livro.

Ora, a experiência de leitura geralmente está associada a uma breve fuga da realidade momentânea enquanto se lê, de modo que, ao "puxar" o leitor de volta, produz-se um efeito diferente do que pretende a maioria dos livros centrados em seus próprios enredos. Em segunda instância, podemos arguir que o texto de

Boccaccio é autoconsciente na qualidade de texto e obra, que atravessam tempo e espaço. Ao provocar a interrupção forçada, o autor também aponta para si mesmo e para sua obra. Assim, durante o processo de leitura, não nos é permitido esquecer que ainda estamos lendo um livro – no caso, de Giovanni Boccaccio.

Sobre os temas de que a obra trata, destacamos desse excerto a menção à peste bubônica, que assolou o mundo europeu na época e que, além de ser o argumento central (dez jovens que fogem da peste e ficam de quarentena em uma casa de campo, isolados de tudo), também nos serve como fonte histórica para entendermos melhor o que se passou no período.

Além disso, o fato de o público ser direcionado (o feminino) explica que a temática principal de o *Decamerão* gire em torno das relações humanas, especialmente os temas do amor e da sexualidade. Caro leitor, não estamos dizendo que o público feminino só se interessa por tais temáticas, mas é importante refletirmos que, em alguma medida, essa era a percepção não apenas do autor como também da própria sociedade de seu tempo, nos anos 1300.

De modo geral, *Decamerão* conta com dez personagens, sendo sete moças e três rapazes, que ficam dez dias em quarentena. Para passar o tempo, eles decidem contar histórias uns aos outros, uma por dia cada um, no que denominam *jornadas*. Ao final dos dez dias, cem jornadas foram narradas, cada uma com seus próprios enredos e personagens.

A seguir, apresentamos uma lista em que resumimos a estrutura dessas jornadas:

- 1ª jornada, narrador: Pampineia. Tema da jornada: "Principia a primeira jornada do Decamerão. Nela há, em primeiro lugar, a demonstração que o autor faz da razão pela qual as pessoas indicadas adiante estiveram reunidas e juntas passaram a palestrar sob o reinado de PAMPINEIA. Em seguida, vem a palestra sobre o que mais deleita a cada uma" (Boccaccio, 1997, p. 15).
- 2ª jornada, narrador: Filomena. Tema da jornada: "Termina a primeira jornada do Decamerão. Inicia-se a segunda, na qual, sob o império de FILOMENA, se fala de quem, perseguido por incontáveis contratempos, alcançou um fim tão feliz, que superou as suas esperanças" (Boccaccio, 1997, p. 77).
- 3ª jornada, narrador: Neífile. Tema da jornada: "Encerra-se a segunda jornada do Decamerão, e tem início a terceira, em que se cuida, sob o reinado de NEÍFILE, de algo que muito se deseja e que se alcança, ou de coisa que, sendo muito querida, está perdida e se recupera" (Boccaccio, 1997, p. 187).
- 4ª jornada, narrador: Filóstrato. Tema da jornada: "Termina a terceira jornada de o Decamerão, e principia a quarta jornada, sob o reinado de FILÓSTRATO, na qual se fala daqueles cujos amores tiveram fim infeliz" (Boccaccio, 1997, p. 273).
- 5ª jornada, narrador: Fiammetta. Tema da jornada: "Termina a quarta jornada do Decamerão; tem início a quinta, sob o império de FIAMMETTA, na qual são feitas narrativas a respeito do que, a pessoas que se tenham amado, possa ter acontecido de venturoso, após alguns acontecimentos difíceis e infelizes" (Boccaccio, 1997, p. 349).

- 6ª jornada, narrador: Elisa. Tema da jornada: "Encerra-se a quinta jornada do Decamerão. Tem início a sexta, em que se cuida, sob o reinado de ELISA, na qual se discorre sobre quem, tentado com alguma frase elegante, consegue salvar-se por meio de resposta rápida, ou mesmo de esperteza, fugindo da perda, de perigo, ou de zombaria" (Boccaccio, 1997, p. 423).
- 7ª jornada, narrador: Dioneu/Dioneio. Tema da jornada: "Finda a sexta jornada de o Decamerão. Tem início a sétima, na qual, sob o reinado de DIONEIO, se fala dos enganos que, ou por amor, ou por sua salvação própria, as mulheres já praticaram contra os seus maridos, quer eles tenham ou não notado a sua ocorrência" (Boccaccio, 1997, p. 461).
- 8ª jornada, narrador: Lauretta/Laurinha. Tema da jornada: "Completa-se a sétima jornada do Decamerão. Tem início a oitava, na qual, sob o reinado de LAURINHA, conversa-se a respeito das burlas que se praticam, todos os dias, ora mulher contra homem, ora homem contra mulher, e às vezes homem contra homem" (Boccaccio, 1997, p. 523).
- 9ª jornada, narrador: Emília. Tema da jornada: "Termina a oitava jornada do Decamerão; tem início a nona jornada, na qual, sob o reinado de EMÍLIA, cada um conta, como lhe é mais agradável, aquilo que mais lhe apraz" (Boccaccio, 1997, p. 615).
- 10ª jornada, narrador: Pânfilo. Tema da jornada: "Encerra-se a nona jornada do Decamerão. Tem início a décima e última, sob o governo soberano de PÂNFILO, na qual se fala de quem tenha realizado algo, com liberdade, ou até com magnificência, em relação a casos de amor, ou de outra coisa" (Boccaccio, 1997, p. 669).

De certa forma, em *Decamerão*, Boccaccio emula uma estrutura narrativa similar à da obra *As mil e uma noites* – clássico oriental –, na qual as histórias são contadas dentro de outras histórias e, nessa escada de enredos, o leitor se vê emaranhado em uma profusão narrativa complexa e altamente interessante. Pelo que sabemos, no entanto, não poderíamos afirmar que o autor florentino se inspirou na coletânea de contos populares árabes datados entre os séculos XIII e XVI, já que ela só chegou ao Ocidente em 1704, por conta do orientalista francês Antoine Galland. Assim, cabe-nos, estudiosos de literatura, analisar tais similitudes, mesmo que não haja uma ponte clara entre as partes, de modo que, eventualmente, novos estudos e investigações sobre o tópico sejam realizados.

## doispontocinco
## A materialidade do *Decamerão*: algumas características

Conforme vimos no primeiro capítulo, há uma necessidade procedimental de sempre nos pautarmos na materialidade linguística no processo de análise de um texto literário. Desse modo, para analisarmos o *Decamerão* e várias outras obras, o primeiro aspecto a ser considerado diz respeito ao fato de estarmos lidando com uma tradução, e não com o texto original propriamente dito.

Sem pretender entrar no mérito de uma discussão teórica quanto à relação entre obra traduzida e original, convém ressaltar que a análise minuciosa dos significantes empregados em uma tradução não necessariamente reflete os significantes e suas significâncias na obra original. Todavia, nosso intento aqui é, *en passant*, apontar algumas características no nível macro que podemos perceber no texto de Boccaccio. Como nosso objetivo é fazer uma apresentação das obras clássicas e indicar possíveis caminhos para que você, leitor, faça suas próprias leituras, julgamos ser necessário enfatizar esse aspecto novamente.

Isto posto, observemos a presença clara de uma voz narrativa que se destaca no texto de Boccaccio:

> Algumas senhoras também dirão que aqui se encontram algumas novelas que bem melhor seria se não se encontrassem. Que seja. Mas eu só podia e devia escrever as que foram narradas, e por isso quem as contou deveria contá-las bonitas, e eu as teria escrito bonitas. Mas, mesmo que se pressuponha que fui inventor e autor delas (o que não fui), digo que não me envergonharia se nem todas fossem bonitas, pois não existe mestre, afora Deus, que faça tudo bem e perfeitamente [...]. (Boccaccio, 1997, p. 766, grifo nosso)

Como já explicamos, há uma questão relativa ao estilo metalinguístico em *Decamerão* às possíveis implicações do uso dessa técnica ao longo da construção do texto. Aqui, realçamos e reafirmamos esse narrador que se faz presente de modo intencional e intensamente, marcando a si próprio e ao leitor no livro, tanto no começo quanto no final (caso da citação anterior). A passagem que grifamos demonstra essa natureza do texto, que joga sobre si próprio os holofotes da narração textual e a todo momento faz questão de lembrar que o que está sendo lido é um livro, o *Decamerão*. A apresentação das dez jornadas também explicita isso, sempre com a reiteração do nome da obra, da jornada e da ordem que está sendo estipulada.

Para além dessa voz marcada e da metalinguagem, destacamos também a utilização de uma linguagem bastante objetiva em todo o texto. Acrescenta-se a isso o tema da sexualidade, à época ainda pouco usual:

> Um dia em que ele tinha lavrado muito e estava descansando, duas jovens freirinhas que andavam pelo jardim se aproximaram de onde ele estava e começaram a olhá-lo, enquanto ele fazia de conta que dormia.
> Então uma delas, que era um pouco mais atrevida, disse à outra:
> — Se eu achasse que você guardava segredo, diria uma coisa que pensei várias vezes, e que talvez também pudesse lhe servir.
> A outra respondeu:
> — Pode dizer sem medo, porque eu nunca vou dizer a ninguém.
> Então a atrevida começou:
> — Não sei se você reparou como somos vigiadas, que aqui nunca nenhum homem ousa entrar, a não ser o abegão, que é velho, e este, que é mudo; e várias vezes ouvi de muitas mulheres que vieram para cá que todas as delícias do mundo são uma bobagem em comparação com a delícia que é a mulher estar com o homem. Por isso me veio à cabeça várias vezes experimentar com esse mudo, para saber se isso é verdade, já que com outro não posso. E ele é o melhor para isso, porque, mesmo que quisesse, não poderia nem saberia contar

a ninguém. Como você vê, ele é um marmanjão bobo, que cresceu antes de ter juízo; gostaria de saber o que você acha.

— Ai — disse a outra —, que está dizendo? Você não sabe que prometemos a virgindade a Deus?

— Oh — disse a primeira —, quantas coisas lhe são prometidas todos os dias, nenhuma cumprida! Se prometemos isso, que se encontre outra ou outras que cumpram.

A isso a companheira respondeu:

— E se engravidamos, o que vai acontecer?

A outra então disse:

— Você começa a pensar no mal antes que ele chegue; se isso acontecer, então a gente vai pensar; haverá mil maneiras de agir para que nunca ninguém saiba de nada, desde que a gente não diga nada. (Boccaccio, 1997, p. 194, grifo nosso)

Observe que os grifos explicitam a sexualidade. Mesmo que as personagens retratadas sejam freiras (e, pela natureza da vocação, renunciantes à sexualidade), a temática é central. Claramente, isso não acontece em toda a obra. A sexualidade aparece, sim, mas apenas em algumas novelas. No entanto, o modo direto com que ela é abordada revela muito sobre a liberdade com que o autor trata o tema e, de modo inovador, relaciona a sexualidade diretamente com o mundo feminino. No caso específico da novela cujo trecho acabamos de citar, narrada pelo personagem Filóstrato, na terceira jornada (o terceiro dia) de contações de histórias, também está presente uma irônica correlação entre a sexualidade e o aspecto religioso. Ao mesmo tempo que aborda o sexo abertamente,

Boccaccio dispara uma crítica ao universo católico apostólico romano, que governava espiritualmente (e também politicamente em determinados momentos) a sociedade de então.

Agora, leitor, extrapolemos um pouco a discussão e voltemos nossa atenção para a sociedade contemporânea. Se hoje, em pleno século XXI, nos vemos às voltas com questões polêmicas fortemente marcadas por um dogmatismo cristão – sexualidade, aborto, liberdade feminina e tantos outros temas –, imaginemos a situação em que se encontrava o mundo conhecido por Boccaccio, pelos idos de 1350.

Obviamente, o peso moral era muito maior, o que nos revela um texto altamente subversivo não apenas em um contexto atual, mas também em seu próprio contexto de produção. No trecho anterior, as personagens freiras falam explicitamente sobre o desejo de ter relações sexuais com o jardineiro, que elas consideram não consciente de seus próprios atos. Ainda, ao indagarem umas às outras sobre uma potencial gravidez, sucintamente mencionam soluções ("mil maneiras de agir") entre as quais logicamente está contida a ideia do aborto.

Nesse episódio, há uma série de pecados sendo cometidos, se não em ato (ainda), ao menos em pensamento, configurando-se um texto altamente crítico aos valores do catolicismo e da própria sociedade da época. Não à toa, *Decamerão* se fez presente no *Index Librorum Prohibitorum*, uma lista de livros proibidos pela Igreja Católica em virtude de seus conteúdos. Observe a Figura 2.2, retirada de um fac-símile dessa lista.

Figura 2.2 – Nota sobre *Decamerão* no *Index Librorum Prohibitorum*

> Boccaccij Decades, fiue Nouellæ centum quamdiù expurgatæ non prodierint.

O registro de obras nessa lista data da ocorrência do Concílio de Trento, mesmo marco que inaugurou e determinou o texto bíblico tal qual o conhecemos hoje. Dessa forma, podemos perceber que *Decamerão*, além de problemática para a época, representava um problema para o poder instituído, o que resultou em seu banimento, salvo algumas novelas das cem, conforme indica a nota reproduzida na figura.

## Síntese

Neste capítulo, abordamos a *Odisseia*, de Homero, e, em seguida, o *Decamerão*, de Boccaccio. Na primeira parte, refletimos sobre a obra grega, considerando tanto a relevância de se estudar esse texto milenar quanto as dificuldades e complexidades a ele inerentes, principalmente porque não sabemos exatamente quem o escreveu, além da questão relativa à barreira da linguagem. Ainda, procuramos nos aprofundar no estudo da estrutura desse livro e de sua divisão pelos cantos, para observar como, no texto homérico, nada fica "na penumbra" (retomando Auerbach), pois as enunciações sempre explicam o que se sucede, tendo em vista o meio original da obra: a oralidade.

Na sequência, propusemos uma leitura que não se atentasse apenas ao abismo que separa os textos de Homero e Boccaccio. Nessa ótica, lançamos um convite para observarmos o que pode aproximá-las. Isso porque o estudo da literatura permite uma variada gama de produções e análises, dado que as obras não foram totalmente esgotadas. Além disso, analisamos as características gerais e particulares do livro de Boccaccio, focando os aspectos inovadores para a época, por conta dos quais se reafirma o valor do texto como clássico e, conforme mencionamos, à frente de seu próprio tempo.

> ### Indicações culturais
>
> Além da leitura integral das obras analisadas neste capítulo, também recomendamos que você assista às adaptações de ambas para o cinema. Como o foco está concentrado no conteúdo, você poderá cotejar e absorver melhor os textos por não ter de se preocupar primordialmente em entender o que de fato está acontecendo.
>
> A ODISSEIA. Direção: Andrey Konchalovskiy. EUA: Fox, 1997. 164 min.
>
> BOCCACCIO, G. Decamerão. Tradução de Torrieri Guimarães. São Paulo: Abril Cultural, 1997.
>
> DECAMERON. Direção: Pier Paolo Pasolini. França/Itália/Alemanha: United Artists, 1971. 112 min.
>
> HOMERO. Odisseia. São Paulo: Penguin Classics Companhia das Letras, 2011.

# Atividades de autoavaliação

1. Sobre a *Odisseia*, avalie as afirmações a seguir e indique V para as verdadeiras e F para as falsas.
   - ( ) A obra trata dos últimos dias de vida do herói grego Odisseu, responsável pela vitória na Guerra de Troia.
   - ( ) A ordem do livro é: mnesterofonia, telemaquia e apólogos.
   - ( ) Homero é um poeta famoso de sua época, e sua foi obra amplamente registrada e catalogada ainda em vida.
   - ( ) A obra começa ambientando o leitor, que não conhece nada sobre mitologia grega. No começo, apresenta os personagens e todo o contexto, para só então iniciar a narrativa.
   - ( ) *Odisseia* tematiza a viagem e a ideia de regresso, em que o personagem central, Odisseu, passa 20 anos fora de sua terra, Ítaca.

   A seguir, assinale a alternativa que apresenta a sequência obtida:
   a. V, V, V, V, F.
   b. F, V, F, F, F.
   c. F, F, F, V, V.
   d. V, F, V, F, V.
   e. F, F, F, F, V.

2. A obra de Homero pode ser entendida como um grande clássico, porque:
   a. tem uma estrutura inovadora, com um começo *in media res*, apresentando já no começo o final da narrativa.
   b. sobreviveu por milênios, tendo sido recuperada há poucos séculos. Desde então, é entendida como marco ocidental em razão de sua complexidade de temática e estrutura.

c. estabelece uma conexão direta com obras posteriores, em algo que Italo Calvino define como "obras à frente de seu tempo".

d. dialoga diretamente com os tempos atuais, evocando a ideia de viagem e regresso – temas tão comuns na sociedade do século XXI.

e. foi originalmente escrita em grego antigo, língua erudita e dos clássicos por natureza.

3. Ao considerarmos tanto a *Odisseia* quanto o *Decamerão*, podemos inferir que:

a. as duas obras são cânones literários, uma vez que evidenciam a condição humana e a relação com o divino, característica essencial para uma alta literatura.

b. é difícil traçar um paralelo entre as duas obras, pois elas são de contextos e tempos muito diferentes. No entanto, isso não impossibilita o trabalho do estudioso de literatura ao procurar elementos de aproximação e distanciamento.

c. espelham valores sociais importantes, como o culto à viagem e à inteligência.

d. são duas obras facilmente correlacionáveis com outros textos, porque, ao tratarem de questões como mitologia e humanidade, são universais.

e. os dois livros reiteram nosso valor como sociedade letrada, visto que fazem alusão a questões simbólicas e trágicas em um contexto mítico.

4. Acerca da obra *Decamerão*, de Giovanni Boccaccio, assinale a alternativa incorreta:
   a. Trata-se de uma obra sacra e religiosa, visto que respeita os valores e dogmas católicos.
   b. É uma obra com cem novelas e que apresenta vários enredos diferentes, em uma narrativa que poderia ser chamada de *encapsulada*, uma vez que envolve personagens que contam histórias de outros personagens.
   c. Trata de temáticas importantes não apenas para o seu tempo, mas também para uma reflexão posterior, dado que também serve como fonte histórica para acontecimentos como a peste negra.
   d. A liberdade feminina, principalmente quanto ao tema da sexualidade, é um dos grandes aspectos da obra, visto que aborda a temática com naturalidade.
   e. Apresenta um cenário de fuga da peste negra, em que os personagens se isolam longe da cidade como forma de evitar a doença.

5. Sobre a materialidade do texto em *Decamerão*, assinale a alternativa correta:
   a. O uso da metalinguagem é central para a obra, o que a diferencia e a destaca.
   b. O tema central da obra se sintetiza por meio de uma linguagem altamente complexa e rebuscada, que visa simbolizar o efeito do isolamento pelo qual os personagens passam.

c. O texto de Boccaccio claramente faz referência a elementos da *Odisseia*, já que os autores eram amigos próximos.

d. O uso de uma linguagem altamente objetiva evidencia o que Erich Auerbach entende como marca característica de uma representação da realidade oriental.

e. O autor que se revela constitui uma marca bastante inovadora e peculiar, o que jamais foi reproduzido novamente na literatura canônica ocidental.

## Atividades de aprendizagem

### Questões para reflexão

Diante de uma análise geral sobre obras tão distantes entre si no tempo, propomos duas perguntas norteadoras para que você, caro leitor, possa fazer considerações e reflexões com base no que estudamos neste capítulo.

1. Até que ponto a análise do contexto de uma obra influi diretamente no que entendemos a respeito dela? Ao pensar nisso, procure retomar a situação paradoxal que apontamos sobre a análise tanto da *Odisseia* quanto do *Decamerão*.

2. O que nos leva a categorizar ambas as obras como clássicos da literatura universal? Em sua reflexão, retome os 14 motivos de Italo Calvino, os quais abordamos no primeiro capítulo.

## Atividade aplicada: prática

1. Depois de realizar a leitura das obras analisadas neste capítulo, procure tentar traçar paralelos entre elas, de modo a exercitar o processo de análise crítica e correlacional que é tão caro ao estudioso de literatura. Em sua análise, busque pontos de contato entre as obras, podendo se pautar em temática, linguagem, estilo e intertextualidades. Também considere e elenque os pontos em que elas divergem, a fim de compreender mais profundamente não apenas as similitudes, mas as características que as tornam únicas.

{

um    a literatura, a sociedade, o texto clássico e o leitor

dois    *Odisseia* e *Decamerão*

três    *Fausto* e *Madame Bovary*: ambição e engano

quatro    *Os assassinatos na Rue Morgue* e *Memórias póstumas de Brás Cubas*: metaliteratura e jogos com os leitores

cinco    *A metamorfose* e *Mrs. Dalloway*: indivíduos profundamente complexos em suas solidões

seis    os clássicos hoje

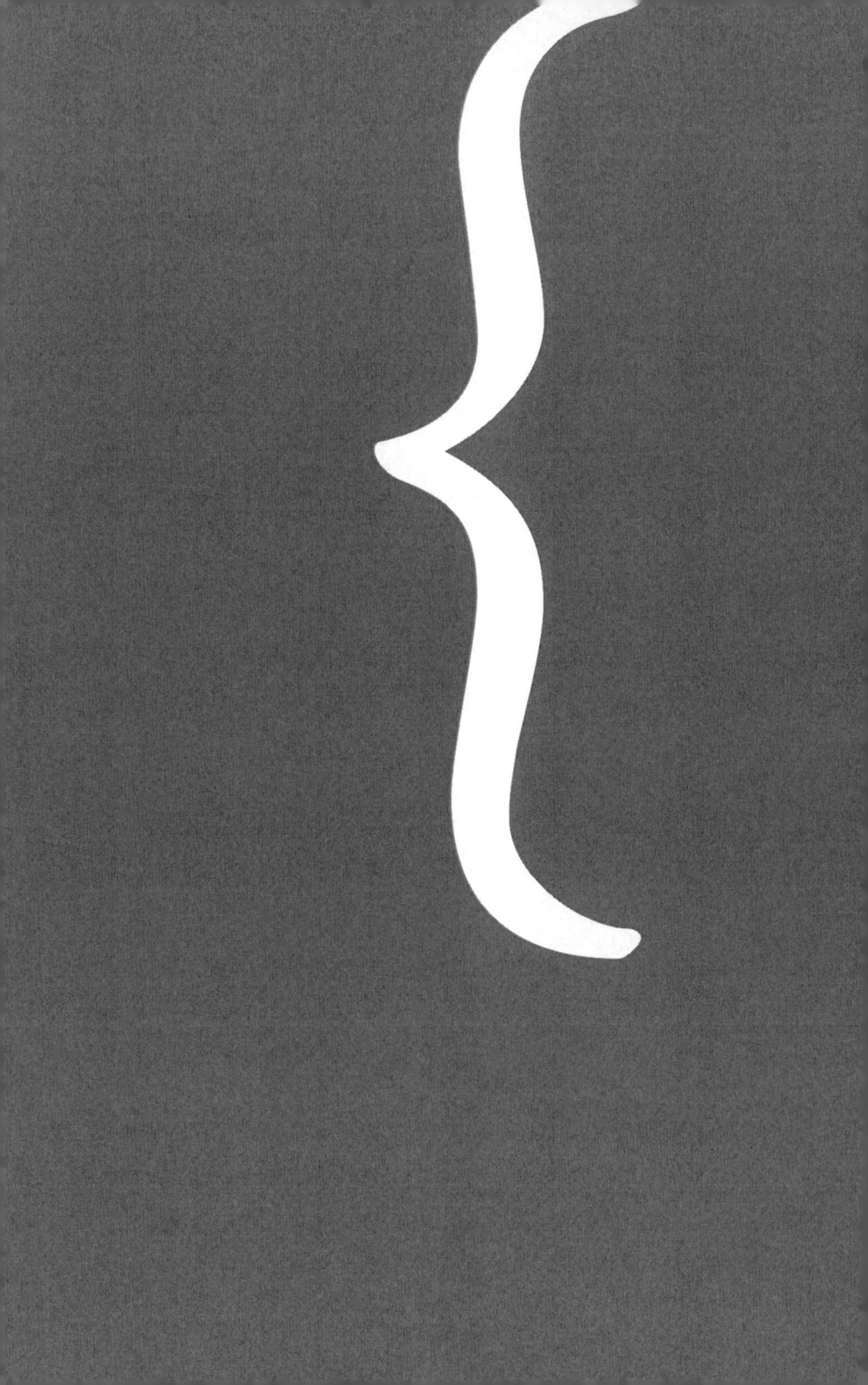

O QUE UM doutor medieval alemão metido com magia obscura e uma entediada jovem do interior da França do século XIX têm em comum?

A resposta mais simples é que, além de serem do continente europeu e das centenas de anos que nos separam da época de sua criação, os dois são protagonistas de duas obras canônicas da literatura mundial e são referência nos estudos dos movimentos literários de que seus autores participaram. Mas há muito mais que isso. Fausto e Madame Bovary, personagens dos livros que levam seus nomes, ajudam-nos a perceber um traço constante dos seres humanos ao longo da história: a ambição solipsista, que leva os sujeitos a extremos de comportamento e à consideração de seus desejos e urgências como os únicos importantes.

Neste capítulo, discutiremos as temáticas da ambição e do engano, centrais nas duas obras. Para uma melhor compreensão de como ambas foram construídas, também abordaremos como Goethe e Flaubert se relacionavam com o conhecimento e com a sociedade e de que forma suas concepções de mundo são perceptíveis em seus textos. Por fim, proporemos uma aproximação entre os dois livros sob o ponto de vista de sua atemporalidade e permanência entre os clássicos da literatura mundial.

trêspontoum
# Fausto e Goethe: uma dupla e tanto

Não é tarefa simples falar sobre Goethe (na realidade, o mesmo se aplica aos demais escritores e textos que estudamos neste livro). Sua obra não apenas tem uma complexidade ímpar, como também se desdobra em milhares de possibilidades de análise e abordagem. Talvez esta sensação lhe seja familiar: você tem tantas coisas para falar – importantes – que não sabe por onde começar e, assim, acaba por ficar paralisado. Em grande medida, trabalhar com literatura é assim. Uma das principais características dos clássicos literários é justamente a complexidade.

Então, o que fazer diante disso? Escolher suas batalhas, caro leitor. Textos e temas verdadeiramente complexos não se deixarão esgotar em uma análise de poucas páginas nem em um artigo científico, tampouco em uma monografia, dissertação ou tese. Possivelmente seja essa a maravilha e o horror do conhecimento, pois nós, como seres humanos, jamais seremos capazes de abranger, desvendar, saber e compreender tudo. Simplesmente não há tempo de vida suficiente para isso.

Nessa perspectiva, é exatamente esta a batalha que escolhemos para tratar de Goethe: a do conhecimento e da impossibilidade humana de dominá-lo. Se você não se sentiu confortável com o termo *batalha* (talvez uma metáfora muito bélica para a análise literária), pode substituí-lo por *recorte*, palavra muito recorrente no meio acadêmico. *Recortar*, nesse sentido, é selecionar um tópico de análise em um tema complexo e explorá-lo com maior profundidade, o que não significa, obviamente, ignorar o restante. Porém, nesta obra, em razão de inúmeros fatores (por exemplo, a quantidade de páginas disponíveis para análise), não vamos nos debruçar no estudo de outros tópicos.

Em outras palavras, quando nós, autores deste livro, optamos por estudar Literatura no mestrado e no doutorado, ao mesmo tempo escolhemos não nos aprofundar em outras áreas do conhecimento. Naturalmente, em determinadas ocasiões, buscamos em outras ciências respaldo para nossos estudos, como a sociologia; entretanto, sabemos que não temos o mesmo fôlego de um sociólogo para abordar as mesmas temáticas.

Neste momento, você pode estar se perguntando: "O que tudo isso tem a ver com Goethe ou Fausto? Eles parecem estar falando sobre si mesmos". Na realidade, estamos discutindo um fenômeno da humanidade que nos conecta diretamente não apenas com a experiência de Fausto, mas também com a de Goethe. Ambos podem ser definidos pela palavra *polímata*, que, segundo o Dicionário Priberam da Língua Portuguesa, significa "Que ou quem estudou e sabe muitas coisas ou muitas ciências" (Polímata,

2023). Isto é, autor e personagem compartilham as mesmas inquietações e curiosidades em relação ao conhecimento e, com efeito, orientam-se para estudos vinculados às mais diversas áreas, o que fazem com sede e afinco. No entanto, como comentamos, em virtude da própria impossibilidade humana, eles não são capazes de dominar tudo o que aprendem e, por isso, sofrem.

> ### Importante!
>
> Antes de prosseguirmos, cabe um alerta: autor e obra não são a mesma coisa, assim como autor e personagem também não. O autor de um texto literário deixa nele uma impressão muito forte de si mesmo, de sua forma de ver o mundo e de lidar com pessoas e situações, mas isso não significa que sua complexidade humana esteja integralmente condensada em uma porção de páginas. Isso porque existem muitas forças em funcionamento, desde representações e construções linguísticas e discursivas até a categorização literária (mesmo as autobiografias são questionáveis nesse aspecto, mas esse é outro recorte). Sintetizando, caro leitor: Goethe e Fausto não são a mesma pessoa, certo? Fausto é um personagem que Goethe desenvolve, e eles têm a polimatia em comum. O resto é criação literária.

Dito isso, comecemos por Johann Wolfgang von Goethe. Ele nasceu em 1749, em Frankfurt, na Alemanha, e faleceu em 1832, na cidade de Weimar, no mesmo país. Ao longo dos seus 83 anos de vida, criou algumas das maiores obras literárias do mundo ocidental e participou de grupos artísticos que proporcionaram grandes mudanças no panorama literário, tais como o *Sturm und Drung* (Tempestade e Ímpeto), levante responsável pelo romantismo na literatura, e o *Weimarer Klassik* (Classicismo de Weimar). A obra *Os sofrimentos do jovem Werther* (1774), considerada o marco zero do romantismo, é de sua autoria.

De fato, Goethe é um dos nomes mais importantes da literatura ocidental, e suas contribuições impactaram também a literatura brasileira. Por exemplo, em *A viuvinha*, José de Alencar (o principal autor do romantismo brasileiro), ao discutir a questão do suicídio, evoca diretamente o texto de Goethe, comparando o caso com a situação brasileira:

> Não tínhamos, como a Alemanha, o idealismo vago e fantástico, excitado pelas tradições da média idade e, modernamente, pelo romance de Goethe, que tão poderosa influência exerceu nas imaginações jovens. [...] O gênio brasileiro, vivo e alegre no meio dos vastos horizontes que o cercam, sente-se tão livre, tão grande, que não precisa elevar-se a essas regiões ideais em que se perde o espírito alemão. (Alencar, 1857, p. 21)

Goethe é, inegavelmente, um escritor de respeito e de grande influência. Contudo, embora sua herança literária tenha se mantido viva até nossos dias, seus estudos e investigações científicas não tiveram o mesmo reconhecimento. Em vida, o autor se envolveu com diversas atividades profissionais, o que o colocou em contato com toda sorte de experiências e pessoas. Em termos contemporâneos, a variedade de cientistas, pesquisadores e filósofos que fizeram parte do *networking* de Goethe contribuiu para apresentá-lo a uma ampla gama de áreas do conhecimento.

Logo, o contato travado com essa pluralidade de pensamentos criou raízes profundas em sua forma de ver o mundo e entender a realidade.

> Era a partir dela, da observação direta e imediata de objetos e fenômenos, que [Goethe] desenvolvia suas teorias acerca das plantas, dos animais, das cores, abarcando áreas do conhecimento que, em sua maioria, ainda não se haviam estabelecidas como disciplinas autônomas na época como botânica, biologia, morfologia, zoologia, osteologia, física, química, meteorologia, mineralogia, geologia, anatomia, antropologia, arqueologia, psicologia, filosofia, arquitetura, música, além, claro, de seu notório interesse pela arte e pela crítica literária. (Moura, 2019, p. 340)

Atualmente, conhecemos seus textos literários em maior profundidade, mas poucos sabem que Goethe chegou até mesmo a estudar temas como a teoria da cores e o osso maxilar dos seres humanos. Seu interesse por conhecer e investigar numerosos campos do saber também se fez presente em sua coleção de objetos:

> A portentosa e variada coleção particular de arte de Goethe reunia obras de Rembrandt, Rubens, Veronese, Tintoretto, Bernini, Watteau, Cranach e Altdorfer, além de desenhos de Tischbein, Oeser, Chodowiecki, Schinkel e Cornelius que alcançam a soma de 26.500 objetos, incluindo gravuras, entalhes, esculturas de distintos tamanhos, desde as mais pequenas a colossais exemplares,

que ornamentavam sua casa. A coleção de objetos de cunho natural-científico foi iniciada em 1780 e foi sendo renovada e aumentada até o ano de sua morte em 1832, compondo um arsenal de 23 mil peças. Tinha catalogado em seu escritório 17.800 exemplares de minerais, tipos de granitos, fósseis de animais e plantas; 200 exemplares de folhas; 200 frutos e sementes, além de exemplares de tipos de madeiras; diversos crânios e esqueletos de pequenos animais (sobretudo pássaros). Dessa coleção faziam parte objetos de interesse arqueológicos de variadas épocas – da Pré-história, da Antiguidade, do tempo dos romanos e germanos e da Idade Média. Havia objetos usados para fazer fogo, machados, vasos, colares, pulseiras, fivelas de cabelo etc.: "Através de sua visão sobre os achados, Goethe estava no ápice do conhecimento de sua época" (Wolfgang Timpel, in Jeßing; Lutz. Wild, 2004, p.376). Esses objetos, em conjunto com as relações que Goethe estabeleceu com distintos artistas e cientistas e além das experiências colhidas em diversas viagens, se acham relacionados de forma direta com seus escritos tanto acerca da arte como aqueles que intencionam expor seus pensamentos sobre ciência. (Moura, 2019, p. 340-341)

Sem dúvida, o escritor alemão tinha uma mente inquieta, investigativa, curiosa e conectada com seu tempo. Se você, querido leitor, tem algum conhecimento sobre a história da ciência, certamente poderá atestar que o comportamento de Goethe não era nada anômalo. Os cientistas dos períodos mais antigos estavam acostumados a estudar e buscar respostas em diversas áreas do conhecimento.

> **Indicação cultural**
>
> Para entender melhor a mente de Goethe e dos cientistas que viveram entre o final do século XVIII e o início do século XIX, recomendamos a leitura da obra *Uma breve história da ciência*, de William Bynum.
>
> BYNUM, W. Uma breve história da ciência. Porto Alegre: L&PM, 2014.

De fato, a polimatia era característica de muitos grandes cientistas. Porém, a questão que envolve Goethe é que seus trabalhos para além da literatura não foram bem recebidos pela comunidade científica, já que sua visão de mundo era mais holística, em uma época na qual a especialização e a segmentação das áreas do conhecimento eram mais comuns: "a forma de Goethe olhar e conceber a dinâmica da natureza não teve espaço ao longo do desenvolvimento da ciência hegemônica, baseada na quantificação e fragmentação dos objetos de estudo" (Moura, 2019, p. 361). De certa maneira, de acordo com Moura (2019), a ciência goethiana, ou seja, os métodos e as abordagens utilizados por ele em suas investigações, foi encarada sob um viés científico apenas com o advento da biomimética, no final do século XX.

No entanto, sua participação no universo das ciências deixou marcas profundas em sua obra e na forma com que desenvolveu sua escrita literária:

> A morfologia de Goethe, assim como sua visão acerca do mundo animal e da natureza de modo geral, se configura em um modo de

ver o mundo envolvido em uma dinâmica constante, no qual cada elemento não pode ser comtemplado sem estar em relação ao todo, assim como a composição de uma pintura coloca em relação entre si os diversos elementos constitutivos e que, a partir dessa relação, constituirão o todo da obra. (Moura, 2019, p. 344)

A observação dos seres humanos e das matérias humanas em uma perspectiva holística, isto é, que se nutre de diversos saberes, muniu Goethe de uma capacidade observacional e empática do ser humano. Com relação à empatia, Marcus Vinicius Mazzari, em seu prefácio à edição de *Fausto* da Editora 34, evoca a seguinte declaração do escritor alemão: "Eu também havia me movimentado por todas as ciências e fora remetido suficientemente cedo à vanidade de tudo isso. Também havia feito muitas tentativas na vida e a cada vez voltado mais insatisfeito e torturado ao ponto de partida" (Mazzari, 2004, p. 7-8).

Não por acaso, esse é o ponto de partida de *Fausto*, obra dramática escrita em versos e publicada em dois volumes, o primeiro em 1808 e o segundo, postumamente, em 1832. A primeira fala do personagem em toda a peça marca a problemática goethiana quanto ao conhecimento:

FAUSTO
Ai de mim! da filosofia,
Medicina, jurisprudência,
E, mísero eu! da teologia,
O estudo fiz, com máxima insistência.
Pobre simplório, aqui estou

E sábio como dantes sou!
De doutor tenho o nome e mestre em artes,
E levo dez anos por estas partes,
Pra cá e lá, aqui ou acolá
Os meus discípulos pelo nariz.
E vejo-o, não sabemos nada!
Deixa-me a mente amargurada.
Sei ter mais tino que esses maçadores,
Mestres, frades, escribas e doutores;
Com dúvidas e escrúpulos não me alouco,
Não temo o inferno e satanás tampouco
Mas mata-me o prazer no peito;
Não julgo algo saber direito,
Que leve aos homens uma luz que seja
Edificante e benfazeja.
Nem de ouro e bens sou possuidor,
Ou de terreal fama e esplendor;
Um cão assim não viveria!
Por isso entrego-me à magia,
A ver se o espiritual império
Pode entreabrir-me algum mistério,
Que eu já não deva, oco e sonoro,
Ensinar a outrem o que ignoro;
Para que apreenda o que a este mundo
Liga em seu âmago profundo,
Os germes veja e as vivas bases,
E não remexa mais em frases. (Goethe, 2004, p. 63)

No trecho citado, Fausto demonstra saber que seu conjunto de conhecimentos é amplo e eclético, mas, além disso, ele se reconhece como alguém acima da média em comparação com seus pares. Porém, aflige-lhe o fato de que, independentemente da vastidão ou do aprofundamento de seus estudos, ele não é capaz de apreender tudo. Para esse personagem, o recurso a que se pode recorrer para sanar esse problema é a magia, ou as artes ocultas.

Embora seja temente a Deus, Fausto não titubeia em buscar em terrenos pouco ortodoxos a satisfação para o vazio que sente. Já em sua primeira aparição na peça, no auge do desespero, Fausto tenta fazer uma aliança com um gênio (ou espírito) da terra e, após a recusa da entidade, tenta se suicidar. As investidas de fuga e de evasão, aliadas à profunda agonia de se reconhecer limitado, fazem com que Fausto abra caminho para os planos de Mefistófeles, como veremos a seguir.

## trêspontodois
## O Fausto de Goethe

Goethe escreveu a tragédia *Fausto*, mas o personagem Fausto é muito mais antigo do que o autor. Há registros que o citam desde o século XVI. Em seus estudos, Bruce MacLennan (2005) descobriu que já em 1507 o abade Johannes Trithemius teria mencionado, em carta enviada a um amigo astrólogo, um suposto jovem de nome Fausto, que seria "o chefe dos necromantes, astrólogo, segundo mago, quiromante, adivinho que interpretava água e fogo, o segundo na arte da adivinhação com água"* (Trithemius, citado por MacLennan, 2005, tradução nossa), ou seja, um indivíduo praticante de uma grande variedade de artes divinatórias, mas que o abade considerava um charlatão.

Para que Fausto se tornasse figura do folclore popular, bastou que seu nome e suas artes ocultas fossem citados por outras fontes. Ao longo de 30 anos, ele foi chamado de Georg Faustus, Joahnn Faustus, Doctor Faustus e, segundo relatos, ele teria andado por muitas cidades, lendo a sorte através das cartas, interpretando horóscopo, fazendo feitiços e, frequentemente, sendo expulso de cidades (MacLennan, 2005).

Com base nos registros desse sujeito empírico-mitológico, MacLennan (2005, tradução nossa) chegou à seguinte conclusão:

> Fausto nasceu perto de Heidelberg por volta de 1466, estudou filosofia escolástica na Universidade de Heidelberg e obteve seu título de Mestre lá em 1487 (em tempo recorde e quase como o melhor de sua turma). Nessa época, a universidade era um centro fervilhante do humanismo renascentista, especialmente na forma do neo-platonismo e hermetismo de Ficino e Pico; a astrologia, a magia e os estudos da ciência oculta eram populares. Baron (1978, 49) observa que uma característica do movimento humanista era "a relação próxima entre a ciência oculta e os *studia humanitas*." Fausto provavelmente já havia falecido em 1539, mas todos os relatos diretos

---

* No original: "the chief of necromancers, astrologer, the second magus, palmist, diviner with earth and fire, second in the art of divination with water" (Trithemius, citado por MacLennan, 2005).

sobre sua morte estão repletos de elementos míticos e, portanto, têm confiabilidade duvidosa.*

Esse homem, envolto nos mistérios das artes ocultas, logo passou a ser fonte de lendas, e sua existência muitas vezes se funde com a ficção. Por isso, e pelo fascínio que sua figura despertava, Fausto se tornou um personagem da cultura e do folclore popular, inspirando e protagonizando diversas histórias ficcionais. Em 1587, o *Faustbuch*, livro com diversas histórias do personagem, obteve grande sucesso na Europa. O período de publicação coincidiu com o pico da caça às bruxas na Alemanha.

Foi exatamente esse personagem folclórico que Goethe conheceu, ainda na primeira infância, em uma apresentação de teatro de marionetes. A história lhe causou tamanha impressão que o acompanhou durante toda a sua vida. Como mencionamos anteriormente, o escritor entendia a sede de Fausto pelo conhecimento, pois tinha a mesma ambição. A didascália** que descreve o quarto de Fausto é bastante sintética, mas se refere, com o termo *gótico*, a um espaço tão abarrotado de objetos que chega

---

* No original: "Faustus was born near Heidelberg about 1466, studied scholastic philosophy at the University of Heidelberg, and received his Masters there in 1487 (in record time and near the top of his class). At that time, the university was a hotbed of Renaissance humanism, especially in the form of the Neo-Platonism and Hermeticism of Ficino and Pico; astrology, magic, and occult studies were popular. Baron (1978, 49) observes that a characteristic of the humanist movement was "the close relationship between occult science and the *studia humanitas*." Faustus was probably dead by 1539, but all direct accounts of his death are filled with legendary material, and so of doubtful reliability" (MacLennan, 2005).

** Didascálias, ou rubricas, são as orientações elaboradas por autores teatrais para guiar diretores e atores na montagem de suas peças. Nesse caso, a didascália de Fausto orienta a composição do cenário, com os pormenores julgados necessários pelo autor para que o público possa partilhar de sua visão para o ambiente.

a ser sufocante. No mesmo trecho da obra, em uma fala, o personagem menciona uma miríade de objetos e livros que compõem seu ambiente. É difícil não fazer uma comparação com a enorme coleção do próprio Goethe, que, assim como seu personagem, possuía livros, gravuras, instrumentos científicos e tudo o mais.

O indivíduo cheio de ambições é a vítima perfeita para uma espécie de experimento que o demônio Mefistófeles deseja realizar, personagem com o qual temos contato antes mesmo de conhecermos o próprio Fausto. Isso porque o segundo prólogo da tragédia nos revela o preâmbulo de toda a complicação que virá em seguida. O prólogo no céu apresenta o Altíssimo sendo interpelado por Mefistófeles, que lhe sugere uma aposta sobre a alma de Fausto. Para o demônio, seria fácil tentar o douto humano, visto que sua inquietação e insatisfação constante seriam suficientes para que ele optasse pela própria perdição. O Altíssimo não lhe impede o experimento, pois duvida de que o servo Fausto (pouco religioso) se perca em seu caminho. Para a divindade, "o homem de bem, na aspiração que, obscura o anima, / da trilha certa se acha sempre a par" (Goethe, 2004, p. 55).

Mesmo que a ambição de Fausto seja enorme e ainda que ele não seja um servo fiel, chegando mesmo a apelar para as artes obscuras na busca por satisfazer suas vontades, Deus tem certeza de que o humano ainda se voltará para ele e que Mefistófeles falhará. A aposta entre os dois sobre a alma de Fausto não é declarada e explícita no texto; no entanto, no decorrer da história, é inegável que o demônio cumpre um expediente próprio no esforço de corromper Fausto.

Paradoxalmente, Mefistófeles não precisa fazer esforço algum para convencer Fausto a selar um pacto. Pelo contrário, percebendo que o demônio que acaba de entrar em sua casa não pode sair dela sem sua permissão, o próprio doutor lhe sugere estabelecer algum tipo de acordo: "O inferno, até, tem leis? mas, bravos! / Podemos, pois, firmar convosco algum contrato, / Sem medo de anular-se o pacto?" (Goethe, 2004, p. 145). Mefistófeles desconversa, propondo que acertem o pacto posteriormente. Na hora de fechar o negócio, a oferta é muito tentadora ao erudito:

> Não brinques mais com os teus pesares,
> Que a tua vida, qual abutres, comem;
> Na pior companhia em que te achares.
> Entre homens sentirás ser homem,
> Mas não digo isso no sentido
> De te empurrar por entre a malta.
> Não sou lá gente da mais alta;
> Mas, se te apraz, a mim unido,
> Tomar os passos pela vida,
> Pronto estou, sem medida,
> A ser teu, neste instante;
> Companheiro constante,
> E se assim for do teu agrado,
> Sou teu lacaio, teu criado! (Goethe, 2004, p. 165)

A oferta de Mefistófeles não é fama ou fortuna, e sim a experiência do mundo. Servindo a Fausto, o demônio lhe promete viver e conhecer o mundo. Porém, antes de aceitar, o doutor pergunta de forma clara qual será a contrapartida pelo serviço prestado: "e com que ofícios retribuo os teus?" (Goethe, 2004, p. 165), afinal, ele sabe muito bem que "o diabo é um egoísta / E não fará só por amor a Deus / Aquilo que a algum outro assista. / Dize bem clara a condição; / Traz servo tal perigos ao patrão" (Goethe, 2004, p. 165). A conversa entre ambos não deixa dúvidas: Fausto tinha perfeita noção do que estava fazendo ao assinar com sangue o pacto. Ao ouvir de Mefistófeles que o pagamento seria sua alma, ele não se importou, declarando que só se preocuparia com a realidade imediata, e não com o pós-vida.

Contudo, o pacto só será concluído quando Mefistófeles oferecer a Fausto uma experiência muito profunda e intensa de felicidade e satisfação, na qual o humano abandone sua ambição pelo conhecimento e se abandone em um puro prazer hedonista, como ele afirma ao demônio: "E sem dó nem mora! / Se vier um dia em que ao momento / Disser: Oh, pára! és tão formoso! / Então algema-me a contento, / Então pereço venturoso! / Repique o sino derradeiro, / A teu serviço ponhas fim, / Pare a hora então, caia o ponteiro, / O Tempo acabe para mim!" (Goethe, 2004, p. 169).

Posta essa cláusula, naturalmente, Mefistófeles começa a expor Fausto a situações de prazer físico, como no caso em que o leva à taverna, para beber em companhia animada. O humano não vê muita graça nesse divertimento, mas logo tem uma ideia melhor e pede ao diabo que lhe arranje uma moça que tinha visto na rua e por quem se encantou. Margarida, uma jovem, pobre e inculta donzela de 14 anos (idade legal à época), chamou a atenção do doutor, que, levado pelo desejo sexual, ordenou a seu novo servo que a conseguisse para ele.

Em pouco tempo, valendo-se de suas artes, Mefistófeles cria situações em que Fausto e Margarida se encontram, e a jovem vai se apaixonando perdidamente pelo doutor, até o momento em que lhe oferece sua virgindade. Todo o restante da primeira parte do texto desdobrará os acontecimentos trágicos em torno da perdição de Margarida e dos eventos nefastos que rodeiam sua queda.

Infelizmente, a desdita da personagem não faz parte do recorte que escolhemos para explorar esse texto de Goethe, por isso optamos por não avançar na apresentação do enredo. Se você, caro leitor, não teve a chance de ler *Fausto*, odiaríamos tirar-lhe a experiência de acompanhar o desfecho de uma das histórias mais tragicamente belas da literatura ocidental. Assim, vamos apenas mencionar que tudo o que Margarida fez, por pior que tenha sido, foi perdoado pelo Altíssimo no final, reforçando seu caráter benevolente, compassivo e profundamente empático pela humanidade, característica que o próprio Mefistófeles reconheceu ainda no prólogo no céu: "Vejo, uma ou outra vez, o Velho com prazer, / Romper com Ele é que seria errôneo. / É, de um grande Senhor, louvável proceder / Mostrar-se tão humano até para com o demônio" (Goethe, 2004, p. 57).

Com o término do arco de Margarida, uma nova fase se inicia em *Fausto*. O segundo volume do texto, publicado bastante tempo depois e postumamente, em 1832, traz novas histórias do protagonista homônimo e de seu escudeiro demoníaco. Agora, acompanhamos os dois em um mundo mais amplo, para além das vielas e tabernas da cidade, que apresenta grandezas monumentais e diálogos com a história e a mitologia grega.

Longe de sua cidade originária e distante temporalmente dos eventos da primeira parte da história, Fausto é um homem que não parece se lembrar do passado. Comparando o herói de Goethe com o clássico Odisseu, ambos modelos da subjetividade do Eu na literatura ocidental, Helmut Galle (2007, p. 303) pontua o seguinte:

> O ardiloso herói grego somente perdura em todas as peripécias da viagem forçada porque vive, nele, a memória da sua procedência e ela lhe serve, ao mesmo tempo, como meta: a esposa e o lar, sua identidade de ser rei de Itaca. Trata-se de um caminho circular, enquanto Fausto apresenta uma trajetória essencialmente linear e seu alvo final permanece vazio em cada uma das etapas. O feiticeiro renascentista nunca dirige os olhos para trás desde que se entregou "ao delírio, ao mais cruciante gozo" na aposta com aquele gênio "que sempre nega", de nome Mefistófeles. Esse homem não acredita que um dia irá dizer ao momento: "Oh pára! és tão formoso!", e muito menos se dedicará à recordação.

Então, Fausto passa por uma sequência de experiências grandiosas e magníficas: vivencia o amor por Helena de Troia, passeia por paragens mitológicas, desce ao Hades, amarga e esquece seus amores fracassados, fascina-se pelo poder e é tomado pela ganância, sendo punido com a perda da visão. Já em sua velhice, ele toma consciência de seus atos e deseja que o momento de clareza de pensamento nunca termine, pronunciando as palavras que concluiriam o pacto. A ambição de Fausto pelo conhecimento se satisfez quando, finalmente, ele teve acesso ao conhecimento de si mesmo.

Morto o homem, sobram sua alma imortal e a aposta feita entre Mefistófeles e o Altíssimo. De acordo com as cláusulas estipuladas, o demônio cumpriu sua parte no contrato. Contudo, o desfecho de Fausto é redentor.

Mas, caro leitor, nosso recorte vai até aqui: Fausto, o polímata insaciável, ao se deparar consigo próprio, encontrou a satisfação. O preço de sua trajetória foi pago por vários personagens, sobretudo Margarida, na primeira parte. Quem ganha a aposta inicial, cabe a você, leitor, descobrir.

trêspontotrês
## Uma certa Emma Bovary

O francês Gustave Flaubert nasceu em 1821, na cidade de Rouen, e faleceu em 1880, em Croisset. Antes mesmo de determinar o nome de sua protagonista, no livro *Madame Bovary* (originalmente publicado em folhetim, em 1856), ele a definiu assim: "Madame Bovary (cujo nome é Marie, Marianne ou Marietta), filha de um rico fazendeiro, criada no convento de Rouen – lembrança de suas fantasias quando passa pela frente do convento – amigos nobres – vestimentas, piano [...]"* (Flaubert, 2009, p. 507, tradução nossa).

---

* No original: "Mme Bovary Marie (signe Maria Marianne ou Marietta) fille d'un cultivateur aisé, élevée au couvent à Rouen — souvenir de ses rêves quand elle repasse devant le couvent — nobles amies — toilette, piano [...]" (Flaubert, 2009, p. 507).

Em seu primeiro projeto, a personagem havia sido concebida como uma moça rica, de boa educação e frequentadora de um meio social aristocrata. Porém, no texto final, poucas características foram mantidas. De Marie (e suas variações) a moça passou a se chamar Emma. Filha de um pequeno agricultor, de fato, estudou em um convento, o que lhe rendeu uma educação mais requintada, pois aprendeu a tocar piano e se tornou uma grande leitora dos romances de sua época. A vida social de Emma, ao contrário do que havia sido originalmente planejado, não era desenvolvida. Ela passava seus dias cuidando da casa e do pai viúvo e alimentava suas fantasias sentimentais.

Os primeiros rascunhos sobre a protagonista foram sendo alterados a fim de sustentar melhor o restante da história que, esta sim, já estava definida desde o princípio na mente do autor:

> Inicialmente, ela ama seu marido, que é um rapaz bastante belo – bem-feito e bonito – mas sem muito arrebatamento – seus sentimentos por ele ainda não tinham nascido, ela insere em sua casa, pouco a pouco, mais luxo do que a receita do rapaz permite – a vida solitária enquanto seu marido faz suas coisas – seu retorno tarde para casa, aborta enquanto lê um belo romance – sobretudo sobre a vida parisiense. Jornais de moda – jornais para moças – um início de romance em um baile em um castelo que não vai para a frente – longa espera por uma paixão que não acontece – no próximo ano não é feito um baile na mesma época. Ela termina odiando sua

região e levando seu esposo a sair de lá.* (Flaubert, 2009, p. 507, tradução nossa)

A anotação do autor equivale, praticamente, à primeira das três partes do romance. Afora alguns detalhes que foram modificados na redação final (o esposo de Emma não era belo), a essência de Bovary está ali sintetizada. Talvez você, caro leitor, esteja estranhando que uma das personagens mais famosas e importantes da literatura ocidental, de uma obra que se tornou o marco inicial do realismo em todo o mundo, seja resumida em tão poucas linhas. Com efeito, o conjunto de anotações de Flaubert tem poucas páginas. Na edição francesa de 2009, da editora Le Livre de Poche, os esboços ocupam quatro páginas, enquanto o romance conta com cerca de 450 páginas no total – basicamente um milagre de multiplicação de páginas, que será explicado logo mais. Entretanto, antes de avançarmos para o projeto de escrita de Flaubert, falemos um pouco sobre Emma e sua vida nada fantástica.

Precisamos começar pelo homem que lhe fornece o sobrenome: Charles Bovary, o primeiro personagem apresentado no texto. Neste momento, você pode estar se perguntando: "Se o

---

* No original: "Aime d'abord son mari qui est assez beau garçon – bien fait et bellâtre – mais sans grand emportement – ses sens ne sont pas encore nés, elle apporte peu à peu dans la maison plus de luxe que le revenu n'en comporte – la vie solitaire pendant que son mari fait ses courses – ses rentrées le soir, trempé quand elle vient de lire quelque beau roman – de la vie parisienne surtout. Journaux de mode – jl des demoiselles – un commencement d'amour à un bal de château sans résultat – longue attente d'une passion et d'un événement qui n'arrive pas – l'année suivante on ne redonne pas de bal à la même époque. Elle finit par prendre le pays en exécration et force son mari à le quitter" (Flaubert, 2009, p. 507).

livro é sobre Emma, por que o primeiro personagem a aparecer é seu marido? E, já que estamos pensando nisso, por que o nome do livro enfatiza o sobrenome do esposo, Bovary, se é ela a protagonista? Por que ela é apagada dessa forma, no título e no início do texto, se é a personagem principal?".

Em primeiro lugar, Emma Rouault (sobrenome antes do casamento) é uma mulher ficcional francesa, que viveu em Rouen, ou seja, uma região provinciana, em meio ao século XIX. Sendo uma personagem que se tornou marco do realismo na literatura, seu criador firma um compromisso muito forte com a representação da realidade empírica, em um projeto artístico que visa não apenas mostrar essa realidade sem os filtros e ideais do romantismo, como também analisá-la de maneira crítica e aguda. Em outras palavras, Emma é a representação da mulher de seu tempo e espaço que, assim como a personagem, também era provinciana, sonhadora e com ambições romanescas. Diversas são as passagens do texto em que percebemos que Emma, embora protagonista de seu livro homônimo, não era, de fato, protagonista de sua própria vida – como se fosse um experimento de seu autor (retomaremos esse tópico posteriormente).

Sendo um projeto literário, talvez o recurso escolhido pelo autor de primeiramente versar sobre Charles possa ser compreendido como decorrente da seguinte estratégia: ao apresentá-lo tal como era, sem qualquer sombra da percepção de Emma sobre ele, a realidade brutal de sua personalidade tacanha e de sua mente nada brilhante poderia dar a nós, leitores, a medida exata de sua existência ordinária.

A cena que abre *Madame Bovary* mostra Charles, em sua juventude, no primeiro dia de aula, sendo ridicularizado por seus colegas, indicando-nos que ele não pertence nem àquele lugar, nem àquela classe social:

> o *novato* era um garoto do campo, de uns quinze anos de idade, estatura mais alta do que qualquer um de nós. Tinha os cabelos cortados retos na testa como um cantor de igreja de aldeia, com um jeito ajuizado e muito acanhado. Embora não tivesse ombros largos, o paletó curto de pano verde e botões pretos devia atrapalhá-lo, deixando-o pouco à vontade, e permitia ver, pela fenda das roupas, uns pulsos vermelhos habituados a ficar descobertos. As pernas, e com meias azuis, saiam de umas calças amareladas bastante estiradas pelos suspensórios. Calçava sapatos Fortes, mal engraxados guarnecidos de pregos. (Flaubert, 2004, p. 78, grifo do original)

O narrador parece fazer questão de demarcar discursivamente o deslocamento de Charles em relação aos outros jovens, não apenas pelas roupas puídas (sinal de pobreza), mas também por seus modos e sua aparência rural. Esse menino que não tinha vocação ou meios econômicos para ser cosmopolita ou aristocrata cresceu para se tornar um médico de aldeia, de pouco tato e quase nenhuma preocupação com luxo ou com a vida da cidade grande. Quanto a esse aspecto, é necessário esclarecer que o julgamento de valor na dicotomia cidade-campo não é nosso, e sim uma marca da sociedade da época, que valorizava sobremaneira os centros urbanos e a vida badalada das metrópoles, com sua riqueza e variedade de estímulos, aspirando muito mais aos ares turbulentos parisienses do que à calma campesina das cidades interioranas.

Lembra-se de comentarmos que Emma era uma mulher de seu tempo? Conforme planejado por Flaubert, a personagem valorizava e ambicionava justamente essa agitação de pessoas e efusão de emoções. No entanto, ela aceita se casar com Charles, que praticamente representa seu oposto. E como chegamos a isso? O que justifica que Emma veja em Charles (quase uma tábula rasa) sua tábua de salvação?

Em termos sociais, Charles está em uma posição superior, já que é médico e goza de estabilidade financeira; o casamento com uma mulher rica lhe propiciou maior segurança. Porém, mais que isso, ele parece ser o primeiro homem com quem Emma tem um contato mais próximo e que não era apenas um personagem dos livros que ela lia. Enquanto cuidava da perna quebrada do sr. Rouault, pai de Emma, na casa deles, Charles se encanta com a beleza (não tão bela assim, segundo o próprio narrador) da protagonista e, a pretexto do tratamento, passa a visitar mais frequentemente o paciente.

Casado com uma mulher mais velha, muito mais por conveniência e interesse econômico, o médico vê em Emma uma jovem mulher atraente e cuja educação o impressiona, uma vez que ela tinha conhecimentos não usuais para as mulheres do campo da época. A própria esposa de Bovary, antes de falecer, entendia que Emma era praticamente uma "mulher da cidade". Nesse sentido, podemos afirmar que essa é uma questão de referencial. A personagem principal da obra parecia citadina a seus conterrâneos do campo, mas soava jocosamente campesina para os leitores de Flaubert.

Ao se casar com Charles, Emma parece não ter outras opções ou, mesmo, outras referências que não literárias, dos romances de qualidade duvidosa que aflitivamente consumia e que lhe inculcaram o ideal de amor romântico, arrebatador e intenso, capaz de ocupar toda a vida de uma jovem, preenchendo seus dias e seus pensamentos, dando-lhe plenitude e êxtase.

Mas Emma não esperava ter um casamento tipicamente burguês, em uma vida pacata e comezinha. Se Fausto, de Goethe, aspirava obter conhecimento e poder, Emma queria vivenciar o arrebatamento prometido pelos livros que lia, isto é, um amor tão irresistível quanto o dos romances românticos. E, assim como no caso goethiano, a perdição de Bovary também acontecerá graças à necessidade de se evadir de sua realidade e alçar voos audaciosos.

Seu desejo de se sentir viva, de viver experiências intensas, guia a nova sra. Bovary à cama de outros homens, e a incapacidade de alcançar a realização dessa fantasia romântica a leva à sua própria ruína. Nisso reside uma das maiores contribuições do realismo para a literatura: a denúncia explícita e escancarada do engodo romântico, o olhar para a sociedade da época de uma forma honesta, buscando na realidade de coisas, fatos e seres compreender as relações humanas em suas complexidades.

Os livros que Emma lia, exemplares do romantismo, falavam de realidades inalcançáveis, mostravam homens e mulheres perfeitos, idealizados. A realidade demonstrada pelo realismo é outra: revela hipocrisias sociais e cônjuges socialmente reconhecidos se odiando ou se traindo sem escrúpulos; mas, mais que o horror e a tragédia da vida humana, o realismo mostra a vida burguesa como ela é: tediosa, trivial, cheia de preocupações menores e nada impressionantes.

O marasmo da vida burguesa de Emma gera tédio, acarreta a necessidade de evasão, que implica o interesse por outros homens, o que a leva à decepção e à desilusão amorosa, à melancolia. Isso porque, embora tenha alcançado a euforia de se sentir amada voluptuosamente, Emma não se sente satisfeita. Ela precisa manter a intensidade, pois o que a mobiliza parece ser a necessidade de viver intensamente situações românticas, alimentar seu desejo que não se satisfaz nunca. Nessa desesperada tentativa de fugir de sua normalidade pacata, de sua existência burguesa medíocre, a protagonista busca viver uma realidade que não é a sua, tampouco se acomoda em sua classe social, chegando até mesmo a cavar a ruína financeira de sua família.

## trêspontoquatro
## "Bovary c'est moi", ou "Bovary sou eu"

Reza a lenda que, ao ser interrogado sobre quem seria a mulher escandalosa que inspirou Flaubert a construir sua protagonista, o escritor teria respondido "Bovary c'est moi", ou seja, "Bovary sou eu". Talvez atualmente seja um pouco difícil entender o que tanto movimentou a opinião pública, causando-lhe choque, escândalo, repulsa e, inclusive, acarretando um processo do Ministério

Público francês contra Flaubert – mesmo porque, mais de 160 anos depois, nossa sociedade já vivenciou casos reais de situações mais escandalosas do que as de uma esposa infiel que teve três amantes, levou sua família à falência e evadiu-se por meio do suicídio. Seja sincero, leitor, você consegue se lembrar de casos muito mais chocantes e mais indecorosos noticiados em jornais do que qualquer livro de literatura pode simular.

Talvez seja por isso mesmo, pelo fato de nossas vergonhas, infâmias e polêmicas não serem mais as mesmas do século XIX, que a trajetória de Emma pode não nos parecer tão grave. Contudo, a sociedade francesa do Novecentos não levou a história de Emma "numa boa", longe disso. A ideia de uma mulher casada ter um comportamento tão libertino com outros homens, ser alienada de sua própria família e de suas obrigações como dona de casa, capaz de usar o dinheiro do marido para mimar seu amante mais jovem... tudo isso não foi bem aceito pela sociedade francesa. Possivelmente não tanto pela conduta de Emma, mas pelo fato de tal comportamento ser escancarado em um texto que, inicialmente, como já mencionado, havia sido publicado em forma de folhetim, para quem quisesse lê-lo, na *Revue de Paris*, em 1856.

A abordagem realista dos eventos e dos personagens, um tanto dissonante dos parâmetros comuns do romantismo, levava a crer que essa mulher indecente era, de fato, inspirada em uma pessoa de carne e osso, que poderia muito bem ser do círculo social dos leitores da época. Em sua acusação, o advogado M. Ernest Pinard, representando os interesses públicos, tachou o livro de Flaubert como afrontoso à moral e à religião e afirmou que a literatura até poderia ter o papel de mostrar a realidade, mas que essa expressão artística deveria ser limitada pelo código moral (Pinard, 2023).

A decisão final do julgamento foi favorável a Flaubert, pois o entendimento foi que o texto poderia ser compreendido como uma advertência, afinal, a protagonista infiel e infame, em ruína, sofreu a punição máxima com o seu extermínio. Mesmo assim, é difícil afirmar que em seu projeto textual o escritor francês tivesse a intenção de criar uma história que alertasse jovens donzelas para que não incorressem no mesmo bovarismo de Emma.

A suposta afirmação de Flaubert (ser ele mesmo a Madame Bovary) reforçou seu projeto narrativo, visto que não seria necessário existir uma musa para inspirar a criação da protagonista – ela teria nascido da observação da sociedade, de seus mecanismos, relações, projeções, desejos e anseios. Os esboços do texto provam isso: as personagens e a história são fruto do trabalho de observação de Flaubert. Porém, o fato de não existir uma Emma Bovary empírica indica que qualquer moça parecida com ela poderia ter a mesma trajetória.

A propósito, a denominação técnica usada para fazer referência aos esboços e ao planejamento do texto, em francês, é *tableaux* (quadros). O método utilizado por Flaubert em *Madame Bovary* foi, primeiro, traçar em linhas gerais como seriam seus personagens e de que modo se comportariam e, apenas depois disso, completar as lacunas com o desenvolvimento da história em si. Percebe-se que há um plano posto em prática de modo muito claro: um marido medíocre, a esposa com manias de grandeza graças à sua educação prévia e, por fim, o casamento desejado, o qual simbolizava a evasão da vida rural que a protagonista considerava maçante, mas que também se tornou tedioso.

Essa abordagem está profundamente vinculada à técnica de escrita usada pelo autor para compor o romance: o *tableau de genre*, procedimento emprestado das artes visuais por meio do qual o criador retrata cenas da vida cotidiana com uma intencionalidade que ultrapassa a mera representação factual e joga luz sobre aspectos específicos desse cotidiano, com a intenção de analisá-los. Ao criar seus *tableaux* no esboço da narrativa, Flaubert já seleciona os enfoques que dará ao texto. O *scénario*, ou seja, o roteiro do livro, nos informa os projetos inicial e final da narrativa, de acordo com aquilo que o escritor francês considerou essencial, de modo a ser mantido ao longo dos cinco anos decorridos entre a primeira sistematização e a publicação na *Revue de Paris*. Esse *core* essencial do texto gira em torno do tédio da vida burguesa e do sentimento de Emma de não apenas não pertencer ou não se encaixar em sua realidade, mas de necessitar evadir-se para se sentir, de fato, viva.

Ainda com relação ao projeto textual, é notável como o narrador de Flaubert prefere adotar uma posição de impassividade diante dos fatos narrados: observa, analisa, critica, mas se mantém inabalável diante da tragédia humana de Emma. Nesta obra, não nos aprofundaremos nas nuances do narrador flaubertiano, que são várias e riquíssimas, mas pontuamos aqui uma característica central e essencial, para a qual Waine C. Booth (1983, p. 81-82, tradução nossa) chama a atenção em seu livro *The Rhetoric of Fiction* (*A retórica da ficção*):

A objetividade do autor pode significar, então, o que Flaubert chamou de *impassibilité*, uma postura inabalável ou impassível em relação aos personagens e eventos da história de alguém. Embora Flaubert não tenha feito uma distinção clara, essa qualidade é diferente da neutralidade de julgamento sobre valores; um autor pode estar comprometido com um ou outro valor e ainda não se sentir a favor ou contra nenhum de seus personagens. Ao mesmo tempo, é claramente distinta da imparcialidade, uma vez que o artista pode sentir ódio, amor ou pena viva por todos os seus personagens de forma imparcial.*

A questão é que o narrador flaubertiano de *Madame Bovary* não se comporta simplesmente como uma instância narrativa de terceira pessoa onisciente, que conta os fatos com distanciamento e suposta neutralidade. Sua posição em relação à narrativa é a de alguém que observa criticamente. Como se fosse um pesquisador em seu laboratório, o narrador busca se manter imperturbável, pois sua função é apresentar os fatos e, ao fazê-lo, estudar analiticamente o comportamento humano de seus seres ficcionais.

Uma ilustração perfeita dessa tratativa é a caricatura que Achille Lemot fez de Flaubert, em 1869, na qual o autor figura de avental e com utensílios hospitalares fazendo a autópsia de

---

* No original: "The author's objectivity can mean, finally, what Flaubert called *impassibilité*, an unmoved or unimpassioned feeling toward the characters and events of one's story. Although Flaubert did not maintain the distinction clearly, this quality is distinct from neutrality of judgment about values; an author could be committed to one or another value and still not feel with or against any of his characters. At the same time, it is clearly distinct from impartiality, since the artist could feel a lively hate or love or pity for all of his characters impartially" (Booth, 1983, p. 81-82).

Madame Bovary (Figura 3.1). Simbolicamente, o escritor segura uma ferramenta pontiaguda com o coração de sua personagem espetado nela, e o sangue escorrendo do órgão cai diretamente em um tinteiro. A face de Flaubert é nada menos do que impassível. O procedimento de criação de *Madame Bovary* parece ser exatamente este: um cientista que examina, disseca, analisa, esquadrinha nos mínimos detalhes as ambições, os sentimentos e os comportamentos de Emma, que é nada mais do que uma entre tantas jovens iludidas e desiludidas pelo ideal romântico.

Figura 3.1 – FLAUBERT DISSECA MADAME BOVARY, CARICATURA POR ACHILLE LEMOT PARA O LA PARODIE, EM 1869

trêspontocinco
# Humano, afinal de contas

*Fausto* é um livro considerado pertencente ao romantismo, enquanto *Madame Bovary* é o marco zero do realismo. Se nos ativermos às características genéricas dos dois, de fato, veremos que muitas delas os distanciam e separam. Emma é uma mulher que foge totalmente do ideal feminino do romantismo: não demonstra devoção pelo marido, não se importa muito com a família que construiu, gasta o dinheiro do esposo de modo inconsequente, não é particularmente religiosa e, claro, tem casos extraconjugais. Em outras palavras, não é a mulher que a sociedade do século XIX desejava ou considerava digna. Margarida, por outro lado, apesar de suas ações pecaminosas e criminosas depois de ter sido seduzida por Fausto, tinha tanta pureza e delicadeza que chegou a ser perdoada pelo Altíssimo no final da obra. Não era muito bela, mas virtuosa, sim: temia a Deus, cuidava da família, era recatada e pudica. Sua perdição é atribuída mais a Fausto (e a Mefistófeles) do que a ela mesma. Além disso, o arrependimento final da personagem é sincero e a levou à loucura. Já Emma, em seu desfecho, parece menos arrependida de seus erros do que do fato de ter sido descoberta e, com efeito, ver-se na iminência de arcar com as consequências de seus atos.

A obra de Goethe é um drama em versos, e a de Flaubert, um romance que provém de folhetim. Elas estão separadas por mais de 50 anos e várias centenas de quilômetros. No entanto, elas se conectam. São dois clássicos da literatura mundial, célebres e atemporais, essenciais aos estudos literários. Então, o que os une, caro leitor? A resposta pode parecer simplista, mas é muito profunda: as duas obras-primas versam sobre humanidade e, portanto, sobre seres humanos. Você pode ter exclamado: "Obviamente!". Até as fábulas de Esopo com personagens animais são sobre seres humanos. Nós também nunca vimos lebres apostando corrida com tartarugas, por se acharem superiores: esse é um texto acerca do comportamento de certos seres humanos.

Ora, a grande questão dos clássicos é essa, afinal de contas. Apesar do tempo diferente, do espaço longínquo, dos traquejos sociais ultrapassados, quando lemos um clássico, somos capazes de compreender a humanidade que reside nele e entender as problemáticas, os sofrimentos e as alegrias dos personagens, porque eles nos falam sobre experiências humanas que ultrapassam contextos e se ligam diretamente a nós. Ler a história de Fausto é conectar-se com a inquietação dele a respeito do conhecimento. Ler sobre a vida de Emma Bovary é conectar-se com o sentimento de tédio e o desejo por um arrebatamento. Isso não significa que concordemos com os personagens ou, simplesmente, tomemos partido deles acriticamente, e sim que conseguimos compreender de onde vêm suas dores. A literatura, queiramos ou não, provoca empatia. A atemporalidade dessas obras consideradas clássicas está justamente em sua capacidade de gerar conexão com leitores de qualquer tempo e espaço, uma vez que tratam de questões humanas constantes e sempiternas. Quer uma prova disso?

Pensemos na recorrência de temas e situações. Ao ler sobre a história de Fausto e a aposta velada entre o Altíssimo e Mefistófeles, talvez você tenha se lembrado da história bíblica de

Jó, fiel servo de Deus que foi tentado pelo demônio, pois Deus tinha certeza de que ele não se distanciaria de si. Naturalmente, Jó é anterior a Fausto, mas o tema é o mesmo.

Ainda, quando pensamos nos lendários músicos de *blues*, dos Estados Unidos, que supostamente se encontravam com o demônio em encruzilhadas para trocar o sucesso por suas almas*, percebemos que o tema mefistotélico (embora possivelmente represente um disfarce para um preconceito velado) está lá. Quando seriados e filmes de terror utilizam o mesmo mote para desenvolver enredos trágicos e horripilantes cujo gatilho é a ambição desmedida de uma pessoa, o mesmo Mefistófeles é evocado. Essa figura é tão representativa que pode ser encontrada em diversas outras obras literárias, bem como, de modo amplo, na cultura popular (afinal, nem todos os personagens clássicos são homenageados em cartas do jogo Yu-Gi-Oh! ou dão nome a *digimons*\*\*).

E quanto à Madame Bovary? Talvez ela lembre outro personagem bastante famoso que, de tanto ler, acabou se evadindo para o mundo fantasioso das novelas de cavalaria, passando a lutar com moinhos de vento, pois acreditava que eram gigantes. *D. Quixote*, do autor espanhol Miguel de Cervantes, ecoa em Bovary; esta, por sua vez, ecoa em todos os romances, contos, filmes e séries dramáticos em que uma jovem se apaixona perdidamente por um idiota ou cafajeste, por ter se iludido com o ideal romântico de seu repertório juvenil.

---

\* Caso do mito que se desenvolveu ao redor do brilhante Robert Leroy Johnson (1911-1938), por exemplo.
\*\* Se você se perguntar se isso é verdade, pesquise na internet "Digimon + Mefistófeles" e confira com seus próprios olhos.

Enfim, a cultura é feita desse tipo de troca, de retroalimentação, de influência, de textos que inspiram e da recorrência de temas, personagens e problemáticas. Como estamos acompanhando neste livro, os textos clássicos não surgem do nada. Eles são construídos dentro de um sistema cultural alimentado por referências. Em literatura, no final das contas, o fato é que sempre lidamos com questões de repertório.

## Síntese

Neste capítulo, analisamos duas obras: *Fausto*, de Goethe, e *Madame Bovary*, de Flaubert. *Fausto* é uma tragédia escrita em versos e publicada em dois volumes. O primeiro, de 1808, focaliza o início da interação entre o doutor e Mefistófeles, o demônio, em uma transação pela alma do humano. O contrato de troca é claro: Mefistófeles seria servo de Fausto, viabilizando seus desejos; quando o doutor, em um momento de intensa felicidade, se sentisse satisfeito a ponto de desejar manter-se para sempre nesse estado, o demônio poderia, enfim, reclamar a alma do mortal. Fausto entrou na aposta pensando que jamais iria atingir o ápice do bem-estar, uma vez que sua ambição pelo conhecimento parecia ser insaciável. Então, Mefistófeles expõe Fausto aos mais diversos prazeres carnais e, nessa trajetória, ele conhece Margarida, jovem virtuosa e pobre que desperta o desejo do doutor e que, por isso, é enredada em uma trama trágica de amor e assassinatos, até enlouquecer e ser condenada à morte.

Já o segundo volume da obra, publicado em 1832, após a morte de Goethe, apresenta o desfecho da história de Fausto, que, depois de ter vivido o que seu pequeno entorno poderia lhe oferecer, por mais nefasto que fosse, passa a conhecer o mundo em um sentido mais amplo. Nesse ponto, o autor explora temáticas e personagens da mitologia grega e alça Fausto ao ápice do poder humano. A história do mortal que se deixa corromper para saciar sua ambição acaba configurando um arco de redenção, quando ele se dá conta de seus erros e pecados e se arrepende por eles. Assim, o contrato entre o demônio e o humano termina e, na salvação de Fausto, Mefistófeles perde seu pagamento.

Sem seres fantásticos ou mitológicos, o romance *Madame Bovary* (folhetim de 1856 e livro de 1857), marco zero do realismo, conta a história de uma jovem nascida e criada no interior da França que cresce lendo romances românticos e se alimentando de revistas sobre a corte, mas que acaba se deparando com a realidade do casamento e da vida monótona burguesa. Exposta a uma realidade absolutamente insatisfatória, nada parecida com o que aspirava, Emma se lança em casos extraconjugais e em decisões financeiras que comprometem a renda de seu esposo, sem nunca, no entanto, conseguir atingir sua ambição por levar uma vida interessante e emocionante. Porém, ao contrário de Fausto, seu arrependimento final parece ser motivado muito mais pela iminência de ser descoberta e ter sua conduta pecaminosa e escandalosa revelada do que por suas escolhas.

De toda forma, apesar de ficcionais, Emma e Fausto são constituídos de pura matéria humana. Seus desejos, suas ambições e suas necessidades se impõem e, sem pensar em quaisquer consequências, os dois escolhem percorrer o caminho mais hedonista e buscam na satisfação de suas vontades preencher o vazio, o tédio e o desespero que encontram em sua vida. Nessa perspectiva, ambos parecem se apoiar no autoengano com o objetivo de conquistar satisfação e saciedade, mas acabam se expondo à perdição. As duas obras e seus dois protagonistas de séculos passados permanecem absolutamente atuais e se comunicam diretamente com nossas experiências no mundo de hoje.

### Indicações culturais

Além das obras analisadas neste capítulo, também recomendamos a leitura dos textos *A viuvinha*, de José de Alencar, do romantismo, e *Uma breve história da ciência*, que serve de leitura complementar ao que estudamos.

ALENCAR, J. de. A viuvinha. 1857. Disponível em: <http://www.dominiopublico.gov.br/download/texto/bn000077.pdf>. Acesso em: 29 jul. 2023.

BYNUM, W. Uma breve história da ciência. Porto Alegre: L&PM, 2014.

FLAUBERT. G. Madame Bovary. São Paulo: Penguin Classics Companhia das Letras, 2004.

GOETHE, J. W. Fausto: uma tragédia – primeira parte. São Paulo: Editora 34, 2004.

### Atividades de autoavaliação

1. A primeira parte de *Fausto* apresenta o arco da personagem Margarida, cuja trajetória é marcada por uma profunda mudança comportamental. Porém, no início, é possível considerá-la:
   a. jovem e prudente.
   b. inocente e imatura.

- c. sagaz e prudente.
- d. amoral e inocente.
- e. prudente e imatura.

2. A respeito do pacto entre Mefistófeles e Fausto, avalie as assertivas a seguir e indique V para as verdadeiras e F para as falsas.
   - ( ) Mefistófeles precisa convencer Fausto a fazer um pacto.
   - ( ) A ideia de fazer um acordo com Mefistófeles parte de Fausto.
   - ( ) Fausto já buscava nas artes ocultas a satisfação de sua ambição.
   - ( ) Fausto deseja saciar sua sede de conhecimento.
   - ( ) Mefistófeles lhe oferece experiências humanas.
   - ( ) Mefistófeles corrompe Fausto oferecendo a ele o amor de Margarida.

   A seguir, assinale a alternativa que apresenta a sequência obtida:
   - a. V, F, F, V, F, V.
   - b. F, F, V, V, F, F.
   - c. V, F, V, F, V, F.
   - d. F, V, V, V, V, F.
   - e. V, F, F, F, F, V.

3. Com relação à obra *Madame Bovary*, considere as afirmações a seguir.
   - I. Emma Bovary é retratada de maneira crível e fidedigna com a realidade do contexto de produção, a ponto de o livro ser considerado escandaloso para os moldes sociais da época.

II. A insatisfação e o tédio diante da vida cotidiana burguesa são motivadores para que Emma procure ter casos extraconjugais.

III. Emma odiava tanto seu esposo, Charles, que buscou se vingar dele por meio de gastos financeiros avultosos e de relacionamentos fora do casamento.

Agora, assinale a alternativa que apresenta as afirmações coerentes com nossos estudos:

a. I e II.
b. II e III.
c. I e III.
d. I, II e III.
e. Nenhuma das afirmações.

4. Avalie as opções a seguir, que se referem a comportamentos e sentimentos que podem ou não ser atribuídos a Emma Bovary.

I. Ambição
II. Ingenuidade
III. Ilusão
IV. Decepção e desencantamento

Agora, assinale a alternativa que apresenta as opções corretas:

a. I, II e III.
b. I, II e IV.
c. II, III e IV.
d. I, II, III e IV.
e. Nenhuma das opções.

5. Obras clássicas da literatura têm em comum o fato de serem atemporais. Com relação ao termo *atemporal*, considere as acepções a seguir.

   I. *Atemporal* significa estar fora do domínio do tempo, que é acrônico.
   II. Algo atemporal não pertence a um tempo ou a uma época específica.
   III. Chamamos de *atemporais* as coisas que são válidas para todos os tempos e épocas.

   Agora, assinale a alternativa que apresenta a(s) acepção(ões) do termo que melhor define(m) a atemporalidade na literatura:

   a. I, apenas.
   b. II, apenas.
   c. III, apenas.
   d. Nenhuma das acepções.
   e. Todas as acepções.

## Atividades de aprendizagem

### Questões para reflexão

Ao longo deste capítulo, discutimos muito a questão da humanidade que transparece nas ações e aspirações dos protagonistas de *Fausto* e *Madame Bovary*. Como vimos, a atemporalidade das duas obras clássicas reside na capacidade que elas têm de se comunicar conosco mesmo séculos depois de terem sido publicadas. Isso porque nós, leitores contemporâneos, somos capazes de, de certa forma, sentir empatia por seus personagens e dramas.

Pensando nesse aspecto, propomos duas atividades de reflexão associadas a esses textos, com o objetivo de que você se conecte com as experiências de Fausto e de Emma.

1. Ao longo de sua trajetória pessoal, você já testemunhou ou conheceu uma pessoa que, para conseguir algum benefício, tenha proposto um acordo questionável com alguém de caráter ainda mais questionável? Em outras palavras, você já conheceu algum "Fausto" que, para obter o que desejava (em qualquer campo de atuação social e humana), entrou em acordo com alguém perigoso ou antiético? Se sim, que tipo de acordo foi esse? Em sua opinião, esse pacto valeu a pena para os envolvidos? Quais foram as consequências desse acordo? E quanto a você, considerando seu atual contexto de vida e o futuro que você deseja, haveria alguma barganha que Mefistóteles poderia lhe propor para firmar um contrato com ele? Em caso afirmativo, que ambição você gostaria de satisfazer a qualquer custo? E, ao contrário, o que o levaria a não considerar essa proposta, por mais tentadora que fosse?

2. Analise sua vida amorosa atual e do passado. Em algum momento, você já foi "Madame Bovary"? Ou seja, independentemente de seu gênero ou de sua orientação sexual, você já se sentiu enganado por suas próprias idealizações de amor e de pares românticos? Se sim, que ideal ou fantasia o levou ao engano? E, principalmente, como você saiu (ou pretende sair) dessa situação de enlevo bovariano? Em caso negativo, parabéns. Então, busque lembrar, considerando seus amigos, parentes e colegas, se algum deles já demonstrou comportamento parecido com o de Emma. De que forma esse comportamento se refletiu (ou se reflete) na vida e nas relações dessa pessoa?

## Atividade aplicada: prática

1. Pensando bem, todos nós conhecemos Faustos e Emmas Bovarys da vida real. Podem ser nós mesmos, conhecidos ou celebridades. Para todos os efeitos, certamente já nos deparamos com alguns comportamentos ou formas de encarar a realidade tal como fizeram os dois personagens. Se isso é próprio do ser humano, é, com efeito, matéria-prima da literatura e das artes em geral. Por isso, para esta prática, você deve buscar em sua biblioteca interna (isto é, entre os livros que você já leu) um personagem que se aproxime de Fausto ou de Bovary em relação a comportamentos, ideais e ações. Faça uma análise desse personagem (pode ser um protagonista ou um personagem secundário do livro), elencando o que o aproxima e o que o distancia de Fausto ou de Emma. Sua análise não precisa ser longa, mas, para exercitar a comparação, você pode escrever um texto em forma de tópicos ou de mapa mental. No entanto, se esse tema desperta seu interesse, encorajamos que você utilize esta atividade para esboçar um artigo de análise literária.

um   a literatura, a sociedade, o texto clássico e o leitor
dois   *Odisseia* e *Decamerão*
três   *Fausto* e *Madame Bovary*: ambição e engano
quatro   *Os assassinatos na Rue Morgue* e *Memórias póstumas de Brás Cubas*: metaliteratura e jogos com os leitores
cinco   *A metamorfose* e *Mrs. Dalloway*: indivíduos profundamente complexos em suas solidões
seis   os clássicos hoje

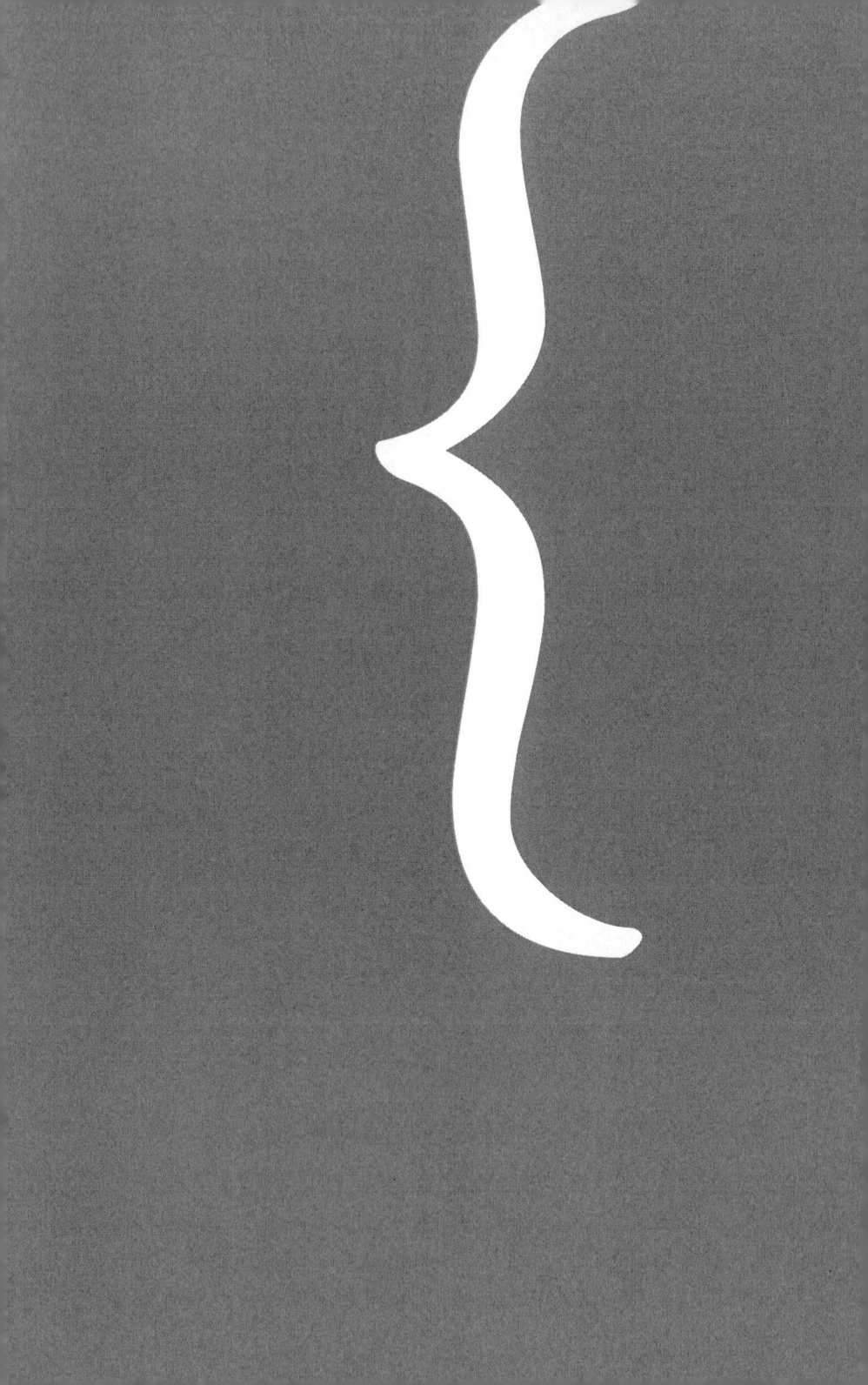

{

❲NESTE CAPÍTULO, VEREMOS que os narradores de primeira pessoa aparecerão com muita intensidade. Ao longo das próximas páginas, você será convidado a mergulhar na escrita controlada e planejada de Edgar Allan Poe, que em poucas páginas construiu um mistério inusitado capaz de instigar a mente dedutiva de Auguste Dupin, um detetive francês de família decadente. Utilizando o mote de um crime grotesco, *Os assassinatos na Rue Morgue* é um conto dedicado à investigação analítica e ao debate a respeito da razão.

Não menos planejado é o projeto textual por trás de *Memórias póstumas de Brás Cubas*, de Machado de Assis, o segundo livro que analisaremos no capítulo. A partir de um mote fantástico, a obra nos apresenta a um defunto que decide revelar todos os seus segredos, em uma sequência de observações cáusticas e cheias de humor irônico.

Sem dúvida, as duas obras são de extrema relevância para a história da literatura, assim como constituem grandes fontes de entretenimento e reflexão, uma vez que, em sua construção, buscou-se programar o efeito sobre seus leitores.

## quatropontoum
# A dedução à solta

É provável que, atualmente, ninguém mais fique chocado ou perplexo com um personagem de grande intelecto, altas habilidades dedutivas, enorme poder de observação, que se porta de forma excêntrica, quase antissocial, mas é capaz de resolver os maiores mistérios. Personagens dessa natureza assumem uma aura praticamente sobre-humana, pois conseguem solucionar problemas complexos com mais facilidade e frequência que todos ao redor – o que também vale para nós, leitores e expectadores –, por meio de um aporte de habilidades e repertórios amplos e atípicos.

Se unirmos os personagens que têm esse mesmo tipo, provenientes de livros, séries, filmes, *games*, histórias em quadrinhos etc., construiremos um panteão da investigação dedutiva. Contudo, há, entre todos eles, um que merece destaque especial: Auguste Dupin. Ele foi o precursor de grandes nomes, como Sherlock Holmes, Hercule Poirot, Miss Marple e Gregory House. *Os assassinatos na Rue Morgue*, de Edgar Allan Poe, conto publicado pela primeira vez em 1841, é o primeiro texto conhecido a trabalhar com o que hoje entendemos por *investigação dedutiva*.

Então, precisamos reconhecer que, embora esse tipo de personagem não seja mais uma novidade para nós, Auguste Dupin foi uma grande inovação para sua época. Portanto, vamos a ele. Na realidade, vamos ao que o narrador do texto, um amigo do personagem, nos conta sobre ele (caro leitor, não se esqueça de que o conto é narrado em primeira pessoa. Logo, se acabarmos cometendo o pecado de repetir essa informação, é porque ela é essencial).

Dupin é um homem pobre, mas veio de uma família rica, tendo crescido com grande fortuna. No entanto, vive em decadência econômica, razão pela qual adota uma vida sóbria cujo único luxo era o acesso a livros. O narrador afirma tê-lo conhecido acidentalmente em uma livraria em Montmartre – bairro parisiense notadamente boêmio – e, a partir disso, encantado com a inteligência, erudição e perspicácia de Dupin, oferece-lhe moradia. Os dois amigos passam a coabitar e conviver em harmonia, mas de maneira um tanto excêntrica, evitando pessoas e deleitando-se com leituras de jornais e livros e com caminhadas pela cidade à noite (nenhum julgamento, mesmo porque, se tivéssemos a oportunidade de viver em uma mansão decadente em Paris, estaríamos escrevendo este livro de lá para, ao cair da noite, deixarmos textos e anotações de lado e flanarmos pela capital francesa).

Inegavelmente, Dupin impressiona o narrador do texto, que está de passagem pela França. Ambos parecem ser sujeitos cultos, de desenvolvida inteligência, mas o francês tem a característica muito própria da observação, algo inacessível ao narrador. Nisto reside um dos pontos fulcrais do texto: a abordagem do método de observação e análise utilizado por Dupin, que, para a maioria, parece simples intuição, em contraste com o insólito das situações.

De fato, caro leitor, o conto *Os assassinatos na Rue Morgue* é menos sobre os assassinatos ocorridos na Rue Morgue e mais sobre o método dedutivo de Dupin. Não por acaso, o texto inicia com um longo comentário a respeito da observação, das capacidades analíticas e da forma como estas se manifestam. Em seguida, o narrador passa a um exemplo desse uso, quando narra como Dupin descobriu o teor de seus pensamentos durante uma caminhada no centro da cidade.

Em uma conta pouco rigorosa, aproximadamente 25% do texto transcorre sem qualquer menção aos assassinatos. Um leitor mais ansioso, que deseje apenas conhecer os crimes, possivelmente ficará frustrado com esse suposto preâmbulo. Todavia, sabendo que esse início constitui o alicerce do conto, conseguimos compreender que os crimes representam perfeitas ilustrações das considerações iniciais. Logo antes de introduzir o mistério do crime, o narrador afirma muito claramente: "não escrevo aqui um tratado, mas estou simplesmente prefaciando uma narrativa até certo ponto peculiar com observações razoavelmente aleatórias" (Poe, 2012, p. 301).

Quanto a isso, ninguém melhor do que o próprio autor para explicar suas escolhas composicionais. Edgar Allan Poe escreveu, em 1846, um texto absolutamente importante para os estudos literários, denominado *Filosofia da composição* (Poe, 2011). Nesse breve ensaio, Poe desvela seu processo de criação literária, utilizando o exemplo do poema *O corvo*, então uma de duas obras mais famosas, publicada no ano anterior. Embora o ensaio tenha como foco esse poema (com exemplos e citações que valem ser lidos), o autor faz diversas afirmações que podem ser generalizadas para sua produção em um sentido mais amplo, também extrapolando questões de gênero. Por isso, acreditamos ser possível entender certas afirmações como gerais em relação à obra de Poe.

Para ele, a escrita literária é um trabalho cerebral, controlado e controlável, que pouco tem ligação com arroubos de inspiração. Em suas próprias palavras: "É meu propósito deixar claro que nenhum detalhe de sua composição pode ser atribuído por acidente ou intuição – que o trabalho foi realizado passo a passo, até o final, com a precisão e a rígida consequência de um problema matemático" (Poe, 2011, p. 19-20).

Em outras palavras, há propósito e intencionalidade em todas as partes do texto, considerando-se tanto a organização quanto a construção. Segundo Poe (2011), nada em sua criação literária era por acaso. Talvez você esteja se perguntando o que isso influencia em nossa leitura. Muita coisa, na realidade. A partir do momento em que lemos uma obra com um viés de crítica e análise literária, torna-se primordial perceber como as programações de tal texto convergem para construir seu efeito de sentido. Sabendo que Poe acredita na ideia de compor a obra tal qual um problema matemático, ou seja, com precisão e controle, começamos a observar, em *Os assassinatos da Rue Morgue*, de que modo a intencionalidade se manifesta e como a construção é arquitetada com vistas a atingir o efeito pretendido.

Trata-se de um texto construído em torno do tema do método e da observação. Para abordá-lo, o autor se utiliza de dois assassinatos hediondos. A minúcia e a recorrência dos comentários e das explicações acerca da *observação analítica* (outra expressão para *dedução*) reforçam ainda mais essa centralidade temática:

> Privada dos recursos ordinários, a mente analítica penetra no espírito de seu oponente, identifica-se com ele e não raro desse modo enxerga, de um golpe de vista, os únicos métodos (às vezes de fato absurdamente simples) mediante os quais pode induzi-lo ao erro ou precipitá-lo a dar um passo em falso. (Poe, 2012, p. 302)

Nesse trecho, o narrador versa sobre a abordagem da mente dedutiva em um jogo de damas. Todavia, por menor que seja a circunstância na qual esse comentário se baseia, ele poderá ser generalizado para os próximos exemplos a serem evocados. Ampliando a complexidade do exemplo, o narrador considera que, quando não há regras explícitas – no caso do jogo –, as análises aumentam gigantescamente. Por essa razão, o importante aqui não é ser capaz de observar de maneira analítica, mas de saber exatamente o que deve ser observado (ou o recorte a ser usado no momento):

> Mas é em questões que vão além dos limites da mera regra que a habilidade da mente analítica se evidencia. Seu possuidor faz, em silêncio, um sem-número de observações e inferências. Igualmente o fazem, talvez, seus colegas; e a diferença na extensão da informação obtida reside não tanto na validade da inferência quanto na qualidade da observação. O conhecimento necessário é o *do que* observar. (Poe, 2012, p. 303, grifo do original)

A relevância dessa afirmação é tamanha que o próprio autor a destaca no texto. Então, sabendo que, em Poe, nada é por acaso e que estamos lidando com um conto no qual a observação terá de ser minuciosa e focada em algo específico, seríamos nós, leitores informados, capazes de desvendar o mistério antes de Dupin? Retomaremos esse questionamento logo mais, na terceira seção do capítulo.

Voltemos à composição do texto. Em *Filosofia da composição*, o autor revela que seu ponto de partida, em um texto, é uma emoção. Em outras palavras, em seu processo de escrita, Poe parte de uma emoção humana e a investiga, buscando transmiti-la textualmente ao leitor:

> Eu prefiro começar com a consideração de uma emoção. Mantendo sempre em vista a originalidade – pois mente para si mesmo quem se aventura a dispensar uma fonte de interesse tão óbvia e fácil de conseguir –, eu digo para mim mesmo, em primeiro lugar: "Das inúmeras emoções, ou impressões, a que o coração, o intelecto, ou (mais frequentemente) a alma é suscetível, qual eu escolho nesse momento?" Tendo escolhido uma emoção nova, em primeiro lugar, e intensa, em segundo, eu penso se ela pode ser melhor trabalhada por incidente ou tom – procurando em seguida à minha volta (ou melhor, dentro de mim) aquelas combinações de eventos, ou de tom, que melhor me ajudem na construção da emoção. (Poe, 2011, p. 18)

Talvez seja mais imediato descobrir a emoção evocada nos textos sombrios, macabros, horrendos de Poe. Quem conhece sua obra consegue, sem muitos problemas, identificar a loucura, o luto, a ansiedade, a raiva e a tristeza que se abrigam em seus textos. Porém, *Os assassinatos na Rue Morgue* é um conto atípico no *corpus* macabro do autor. Ainda que a cena do crime tenha elementos de *gore*, trata-se de um livro bastante cerebral, analítico, dedutivo. Que emoção poderia vir daí? Bem, o próprio narrador revela isso nas primeiras linhas do conto:

> As características intelectuais tidas como analíticas são, em si mesmas, pouco suscetíveis de análise. Nós as apreciamos apenas em seus efeitos. Sabemos a seu respeito, entre outras coisas, que constituem sempre para seu possuidor, quando possuídas em grau imoderado, fonte do mais intenso **prazer**. (Poe, 2012, p. 301, grifo nosso)

Prazer. Não acredita, caro leitor? Logo adiante, no mesmo parágrafo, o narrador reforça:

> Seu dono extrai prazer até mesmo das ocupações mais triviais exigindo a intervenção de seus talentos. É um apreciador de enigmas, charadas, hieróglifos; exibe na solução de cada um deles um grau de *acumen* que para a percepção comum assume ares sobrenaturais. Seus resultados, obtidos pelo próprio espírito e essência do método, têm, na verdade, todo um aspecto de intuição. (Poe, 2012, p. 301)

Sabe quando você se sente inteligente, ou mais inteligente do que os outros à sua volta? Quando só você tem uma informação e ninguém mais? Quando faz uma piada sagaz? Quando sente que as pessoas admiram sua inteligência ou seu conhecimento? Deixando a humildade de lado, temos de admitir que tais sentimentos são prazerosos. Tomando o conto de Poe sob essa perspectiva, percebemos que importam muito menos os assassinatos do que o processo e o método utilizados por Dupin, que, igualmente, sente o mesmo prazer ao ser reconhecido como genial:

> eu não podia deixar de notar e admirar (embora, dada sua fecunda idealidade, estivesse preparado para esperar tal coisa) uma peculiar capacidade analítica em Dupin. Ele parecia também extrair um vivo deleite em exercê-la – quando não propriamente em exibi-la –, e não hesitava em confessar o prazer que disso obtinha. (Poe, 2012, p. 305-306)

Aí está, caro leitor. Dupin pode ter uma capacidade analítica assombrosa, porém é tão humano quanto qualquer um de nós. Ele se delicia com o fato de ser o único a oferecer a solução do caso. Isso porque, ao contrário de todos os outros inclusive da polícia –, ele é capaz de perceber que *improvável* não é sinônimo de *impossível*: "A polícia caiu no erro grosseiro mas comum de confundir o insólito com o abstruso" (Poe, 2012, p. 318). Assim, cabe a Dupin encontrar a chave para solucionar um mistério que confundiu a opinião pública. A esse respeito, acompanhe uma de suas falas para o narrador: "Ora, tendo chegado a essa conclusão de uma maneira tão inequívoca como chegamos, não nos cabe, como homens de raciocínio que somos, rejeitá-la por conta de aparentes impossibilidades" (Poe, 2012, p. 321).

Mais importante do que descobrir quem foi o culpado pela morte de Madame L'Espanaye e de sua filha é revelar a engenhosidade da dedução. Afinal, ao explicar o caso, Dupin afirma: "Menciono esse ponto puramente em nome do método" (Poe, 2012, p. 319). O método, caro leitor, é um sério concorrente a protagonista dessa obra.

## quatropontodois
## Onde fica a Rue Morgue?

Como você pode imaginar, a Rue Morgue é uma rua fictícia. Embora a narrativa de Poe aconteça em Paris, contando com diversas referências geográficas dessa cidade, tanto a rua onde se passaram os assassinatos quanto a rua onde moram o narrador e Dupin não são estabelecidas com precisão:

> Após algum tempo ficou acertado que moraríamos juntos durante minha estada na cidade; e, como minhas circunstâncias mundanas eram razoavelmente menos complicadas que as dele, foi com seu consentimento que me encarreguei de alugar e decorar, em um estilo que se adequava à melancolia um tanto fantástica de nosso temperamento em comum, uma mansão dilapidada e grotesca, havia muito abandonada devido a superstições cujo teor jamais indagamos, e equilibrando-se precariamente rumo ao colapso em uma área afastada e desolada do Faubourg St. Germain. (Poe, 2012, p. 305)

A respeito da morada dos dois, sabemos que fica no Faubourg Saint Germain, uma antiga mansão em decadência localizada no "nº \_\_\_\_, Rue \_\_\_\_\_" (Poe, 2012, p. 329). Propositalmente, ao escrever o texto, o autor preferiu não fornecer essas informações. A estratégia de ocultar datas, nomes de rua, números de casa ou outros dados facilmente verificáveis não é própria de Poe e podemos encontrá-la na obra de diversos outros escritores, como Jane Austen, Mary Shelley e Emily Brontë. Uma possível explicação para o caso de Poe é que, ao evitar dar um endereço exato para a mansão ocupada por Dupin, ele não correria o risco de ser impreciso ou de enfrentar algum tipo de problema legal.

De certa forma, ao ocultar a localização exata, o autor estaria contribuindo para a construção realista do texto, visto que, se não sabemos o local preciso, podemos passar horas procurando pela casa (por meio do Google Street View ou, para quem tiver a oportunidade de ir a Paris, caminhando pela região), sem jamais encontrá-la. No entanto, ao nos depararmos com cada uma das mansões do Faubourg Saint Germain, estaremos encontrando uma possível candidata. Para todos os efeitos, o que importa aqui não é a existência ou não da mansão, mas a precisão na representação do espaço parisiense e os dados contextuais que podem ser extraídos da materialidade linguística e que nos ajudarão a aprofundar o estudo do conto.

> ## Curiosidade
>
> Sugerimos que você deixe este livro um pouco de lado e utilize um motor de busca na internet. Pesquise por "Faubourg Saint Germain" e observe atentamente o mapa dessa região. Procure reconhecer algum monumento famoso e inferir dados socioeconômicos da verificação das lojas e dos restaurantes ali localizados. Recomendamos que você recorra à ferramenta Street View, do Google Maps, para flanar um pouco pelo *faubourg*. Pronto?
>
> Podemos estar errados, mas as primeiras coisas que você notou foram a Torre Eiffel e o Campo de Marte bem no centro da região, o grande símbolo de Paris e da França. Quem gosta de museus deve ter percebido o Museu do Quai Branly e o Museu d'Orsay, na borda do Sena, e também o Museu de L'Armée, onde fica o túmulo de Napoleão Bonaparte. A região ainda conta com a Assembleia Nacional, o Museu Rodin, universidades, embaixadas, muitos restaurantes, bistrôs e hotéis. Indiscutivelmente, o Faubourg Saint Germain é um dos locais mais importantes e visitados de Paris, o que destoa muito da descrição oferecida pelo narrador de Poe a respeito da região em que habitava.

Neste momento, você pode estar pensando: "Claro que a descrição não bate, Poe nunca esteve na França! Ele nunca pisou em Paris!". De fato, embora algumas obras do autor tenham como palco a Cidade das Luzes, de acordo com o Poe Museum, ele não chegou a visitá-la. Portanto, tirava suas descrições de outras fontes que não sua vivência. Entretanto, a ambientação do Faubourg é bastante acurada considerando-se o ano de publicação do texto: 1841.

A Torre Eiffel só começou a ser construída em 1887, para fazer parte da Exposição Universal de 1889. Em 1841, o Museu d'Orsay abrigava o Conselho de Estado, e o Museu do Quai Branly foi inaugurado apenas no século XXI. A cúpula em que constam os restos mortais de Napoleão foi erguida mais de vinte anos depois. À época em que foi publicado o conto de Poe, o Faubourg Saint Germain era um lugar que, apesar de ter sido um espaço privilegiado anteriormente e de exibir diversas mansões de famílias ricas (conhecidas como *hôtels particuliers*), sofreu os impactos profundos da primeira e da segunda revoluções francesas (1789 e 1830, respectivamente). As casas da região, assim como a aristocracia que as habitava, estavam ou extintas ou em plena decadência.

Embora sem uma localização exata, é nela que vivem Dupin, um cavaleiro que é a personalização desse espaço (outrora rico e ilustre, agora empobrecido e combalido), e o narrador do texto. A região é representada com fidedignidade suficiente para dar credibilidade e tangibilidade à narrativa.

Quanto à Rue Morgue, a estratégia do autor é similar, mas com uma grande diferença: ela tem um nome, o qual é fictício. Queremos acreditar que nenhum administrador ou legislador com o mínimo de bom senso daria o nome de *necrotério* a uma via pública de sua cidade. Mas já na primeira versão do texto, antes de a macabra alcunha ser escolhida, o nome dado por Poe também era inventado: inicialmente, os assassinatos se passariam na Rue Trianon. A mudança da nomenclatura reforça ainda mais o aspecto *gore* desenvolvido no conto.

Ainda que a via tenha sido criada para sediar os eventos assombrosos e, portanto, não se saiba exatamente onde fica, mais uma vez o texto fornece elementos para que possamos estimar e construir mais solidamente sua localização. Conforme o próprio texto, a Rue Morgue se situa no Quartier Saint-Roch. E em que isso altera a leitura do conto? E se nós disséssemos que agora mesmo você pode fazer um *tour* virtual em 360° pelas ruas que inspiraram a história? Não é por acaso que o texto é pródigo em descrições detalhadas do espaço. Essa estratégia permite que "mergulhemos" na ficção com mais intensidade, pois conseguimos nos colocar no lugar onde se passa a narrativa. Provavelmente, quando Poe escreveu o conto, ele não considerou o inevitável crescimento e a alteração da paisagem urbana.

Por isso mesmo, teremos de exercitar nosso raciocínio e recorrer a registros históricos. Como comentamos anteriormente, em 1841, data em que o conto foi publicado, Paris era diferente, inclusive quanto à quantidade e à localização de ruas. Quando pesquisamos a região de Saint-Roch (que não chega a ser denominada Quartier, mas cuja localização pode ser delimitada entre as ruas Richelieu e Saint-Roch), encontramos poucas vias que poderiam ser chamadas de *travessas*. Isso porque a Avenue de l'Ópera foi construída depois de 1860, anos após a publicação do texto de Poe.

## Curiosidade

Nesse momento, recomendamos que você acesse a internet e procure pela estação de metrô Pyramides, em Paris, situada no centro do espaço delimitado por Poe em seu conto. À direita, você encontrará a Rue Richelieu (próxima ao Palais Royal) e, à esquerda, a Rue Saint-Roch. Utilize a ferramenta Street View, do Google,

> e visite a Rue de Moulins ou a Rue Villédo. Naturalmente, nenhuma delas é a Rue Morgue, mas as duas vielas se adéquam exatamente à descrição feita pelo autor.
>
> São ruas estreitas, com prédios de três e quatro andares, sendo que vários deles apresentam as *mensardes* referidas no texto, que nada mais são do que um estilo de janelas próprio dos áticos parisienses da época. Embora, atualmente, existam poucas travessas nesse espaço de Paris, as duas ruas mencionadas são capazes de ilustrar perfeitamente bem o ambiente em que se passa *Os assassinatos na Rue Morgue*.

Além disso, outro importante dado contextual, que nos ajuda a compreender melhor os acontecimentos narrados, diz respeito ao fato de que, à época da escrita do texto, a região era repleta de vielas estreitas, curtas e mal iluminadas. A criação da Avenue de l'Ópera acarretou uma grande mudança urbanística, já que eliminou a maioria das ruas tenebrosas, ao mesmo tempo que ajudou a "resgatar" o espaço aos olhos públicos. Hoje, o entorno dessa avenida, bem como do Palais Royal, é um espaço amplamente frequentado por turistas. Afinal, ele fica no 1º Arrondissement, ou seja, no bairro central de Paris.

> INDICAÇÃO CULTURAL
>
> Ficou curioso para conhecer a antiga configuração das ruas citadas? A Bibliothèque Nationale de France disponibiliza um mapa da cidade de 1840, no qual é possível ver todas as pequenas vias que compunham a região de Saint-Roch.

BNF – Bibliothèque Nationale de France. Plan de Paris. Disponível em: <https://gallica.bnf.fr/ark:/12148/btv1b53085179q/f1.item>. Acesso em: 9 ago. 2023.

Se você é tão entusiasta de aspectos contextuais quanto nós, pode satisfazer sua curiosidade. Porém, caso você não se sinta particularmente tentado a investigar mapas do século XIX, pode estar questionando o motivo de termos escolhido esse recorte. A resposta é simples: estamos tratando de um texto com inclinação realista. Obviamente, você pode ler o conto sem nada saber sobre Paris e, mesmo assim, aproveitar muito do que ele traz. No entanto, caso você pretenda analisá-lo do ponto de vista literário, será importante pensar como as descrições minuciosas apresentadas influenciam na leitura e compreensão do texto. Em outras palavras, se você ler o texto pensando na atual Paris, talvez não consiga acessar as minúcias da obra, uma vez que o espaço urbano mudou muito desde a época em que Poe a escreveu. Ou seja, se pensarmos apenas no espaço contemporâneo, o texto será menos realista aos nossos olhos do que se considerarmos a paisagem urbana à sua época. Caro leitor, estudar e analisar literatura é, também, investigar o mundo contemporâneo e a realidade em que o autor viveu.

No capítulo anterior, discutimos sobre *Madame Bovary*, o marco zero do realismo em todo o mundo. O romance de Flaubert simboliza um novo olhar que a literatura propõe sobre os seres e eventos humanos, representando e anunciando o advento desse movimento literário. Contudo, o autor francês não necessariamente inventou essa corrente literária. Ao analisarmos textos da mesma época, de escritores que, assim como Poe e Flaubert, eram atentos às criações de seus contemporâneos e à sociedade em geral, inegavelmente perceberemos certas linhas convergentes quanto ao estilo, aos temas e à abordagem destes. Mas atenção: não estamos afirmando que Poe foi o primeiro realista ou coisa que o valha.

Na história da literatura, Edgar Allan Poe é considerado um escritor do movimento romântico não apenas pela época em que produziu, mas pelo constante apelo à literatura gótica em suas criações, em que há recorrência de mortes e lutos, situações puramente horríveis. Por esse motivo, entende-se que grande parte de sua produção pertence ao romantismo sombrio, com fortes traços decadentistas.

Entretanto, como é o caso dos grandes escritores, Poe extrapolava os limites dos movimentos literários e flertava com diversas verves, com outros tipos de fazeres artísticos. De fato, em *Os assassinatos na Rue Morgue*, há um esforço pela acurácia nas descrições (lembre-se, leitor, de que o autor afirmava não escrever nada por acaso), mas não apenas nisso. Também os personagens são construídos com um bom nível de realismo. Dupin não vai investigar os assassinatos das L'Espanaye pela bondade de seu coração, tampouco pela vocação ao heroísmo. Ele o faz para devolver um favor ao principal suspeito — não sabemos que favor seria, mas esse suspeito trabalhava em um banco e, no início do texto, o narrador comenta que, em sua decadência econômica, Dupin contou com o "obséquio de seus credores" (Poe, 2012, p. 304). Então, temos alguma margem para inferência. Mas, além disso, Dupin investiga por satisfação própria, pois obtém prazer em desvendar mistérios e, mais que isso, exibir sua capacidade mental – um personagem bastante humano, afinal.

## quatropontotrês
# Uma questão de ponto de vista

O narrador de *Os assassinatos na Rue Morgue* revela pouco sobre si mesmo. É um personagem da narrativa que conta, sem assumir o protagonismo. Sabemos que ele dispõe de algum recurso financeiro, está de passagem por Paris e identifica-se muito com Dupin. Todavia, nesse conto, não há prejuízo em pouco saber sobre esse narrador-testemunha, pois seu papel é o de nos conduzir, como leitores, através de suas considerações do método analítico. Para isso, como exemplos supremos, utiliza dois assassinatos brutais ocorridos nos arredores de Saint-Roch.

A pesquisadora Beth Brait (1985), em seu livro *A personagem*, faz uma afirmação categórica a respeito de tal instância textual, avaliada como um elemento essencial, sem o qual não existe narrativa. Já nós, autores deste livro, entendemos que nada impede a construção de narrativas apenas com diálogos, por exemplo. Contudo, concordamos que o narrador tem um papel central na condução do enredo e na caracterização dos personagens. Uma possibilidade para essa instância é o foco narrativo de terceira pessoa, quando

> o narrador pode apresentar-se como um elemento não envolvido na história, portanto, uma verdadeira câmera, ou como uma personagem envolvida direta ou indiretamente com os acontecimentos narrados. De acordo com a postura desse narrador, ele funcionará como um ponto de vista capaz de caracterizar as personagens. (Brait, 1985, p. 54)

Não tipificaremos aqui os tantos narradores possíveis na escrita literária, uma vez que as estratégias composicionais para tal instância literária são múltiplas e complexas. Mas nos interessa fazer uma diferenciação, mesmo que simples, entre os focos narrativos de primeira e de terceira pessoa.

Brait (1985, p. 57) argumenta que o narrador em terceira pessoa "simula um registro contínuo, focalizando a personagem nos momentos precisos que interessam ao andamento da história e à materialização dos seres que a vivem" (Brait, 1985, p. 57). Na analogia de Brait, esse narrador equivale a uma câmera no cinema: ele tem acesso a todos ou a grande parte dos eventos, mas seleciona e decide o que (e o quanto) mostrar.

Por sua vez, no foco narrativo de primeira pessoa, o olhar é mais limitado. Isso porque o narrador é um personagem da história e, com efeito, tem acesso a um menor número de eventos, oferecendo ao leitor sua percepção desses acontecimentos e dos personagens. Nas palavras de Brait (1985, p. 61):

> A condução da narrativa por um narrador em primeira pessoa implica, necessariamente, a sua condição de personagem envolvida com os "acontecimentos" que estão sendo narrados. Por esse

processo, os recursos selecionados pelo escritor para descrever, definir, construir os seres fictícios que dão a impressão de vida chegam diretamente ao leitor através de uma personagem.

Dessa forma, temos um filtro extremamente relevante e que deve ser considerado na análise literária – lembrando sempre que, não importa o foco narrativo, o narrador escolhe o enfoque daquilo que será contado. Nessa ótica, há que se observar o que o texto "perde" com um narrador de primeira pessoa e o que "ganha" com um de primeira pessoa.

Pensemos no conto de Poe. Brait (1985) exemplifica o uso do narrador de terceira pessoa no gênero romance policial (ou seja, em narrativas centradas na resolução de um crime misterioso, das quais o conto *Os assassinatos na Rue Morgue* foi precursor):

> No romance policial, por exemplo, o registro detalhado do comportamento das personagens é tarefa, via de regra, de um narrador colocado fora da história e encarregado de acumular traços que funcionam como indícios da maneira de ser e de agir dos agentes das ações compreendidas pela narrativa. Através desses traços, a personagem vai sendo construída, e o leitor, por sua vez, pode descobrir, antes do final, a dimensão ocupada pela personagem no desenrolar dos "acontecimentos". (Brait, 1985, p. 57)

A estratégia de um registro contínuo, capaz de dar conta de todos os personagens, espaços e tempos, é bastante sedutora para uma narrativa cuja intencionalidade gira em torno de prender a atenção do leitor, ao lhe transmitir a impressão de que ele também faz parte da investigação e, portanto, pode desvendar o crime e encontrar o culpado. Assim, o leitor pode se sentir parte da narrativa e ter sua sagacidade privilegiada e o ego satisfeito, caso descubra o que aconteceu. Contudo, essa não é a construção do texto de Poe, é?

Se tiver tempo e interesse, sugerimos que você releia o conto com um lápis em mãos e busque encontrar os indícios e as pistas oferecidas pelo narrador ao longo do texto, de forma a revelar ao leitor dados suficientes para que, por inferência, ele solucione o mistério antes de Dupin. Ou seja, qualquer sinal, vestígio ou resquício, por menor que seja, é uma evidência importante: palavras ditas pelo narrador ou pelos personagens, ações, gestos... Retome as declarações das testemunhas publicadas no jornal. O que podemos tirar de prova material que nos ajude a compreender o que está acontecendo?

Muito pouco. Vale lembrar que estamos acompanhando o olhar do narrador sobre o caso. Ele já tinha nos provado anteriormente, com a cena em que Dupin descobre que ele estava pensando sobre um ator de teatro, que nosso narrador não tem a agudeza intelectual de seu amigo. Ele não é capaz de, sozinho, entender as situações complexas que exigem a inferência. Como ele mesmo afirma no início do texto, não basta observar, pois "O conhecimento necessário é o *do que* observar" (Poe, 2012, p. 303, grifo do original). E nós, querido leitor, estamos acompanhando o olhar de um sujeito que, embora esteja junto a Dupin, não sabe *o que* observar.

Mais que isso, ele não sabe o que observar, não tem o mesmo conjunto de referências e o repertório de Dupin e, ainda, seus indícios levam ao erro.

Em primeiro lugar, o narrador apresenta o fac-símile da edição matutina do *Gazette des Tribunaux*, jornal francês, com a notícia dos assassinatos de Madame de L'Espanaye e de sua filha. Nesse ponto, não há a interferência ou o vício do olhar do narrador. Porém, quando ele cede espaço para outras vozes – primeiro, ao jornalista que compôs a reportagem e, depois, às testemunhas que depuseram à polícia –, temos também a apresentação de olhares circunscritos àquilo que tais personagens viram e ouviram e, sobretudo, à interpretação destes a respeito de tais estímulos.

Quando lemos a descrição da cena do crime feita pelo jornalista, acessamos seu olhar e o que ele julgou importante transmitir. Nesse ponto, podemos observar todos os adjetivos e advérbios que ajudam a construir o horror da cena. O jornalista também fornece informações que posteriormente perceberemos serem complemente inúteis para a solução do caso, como o detalhe do cofre aberto "sob o colchão (e não sob a cama)" (Poe, 2012, p. 310), mas que são inventariadas em nossa cabeça, quando lemos o texto, e passam a fazer parte do corpo de indícios textuais que fundamentarão nossa criação de inferências.

A edição do jornal do dia seguinte reproduzirá a fala das testemunhas. Elas oferecem à polícia os elementos que julgam importantes para a investigação. São várias vozes que supostamente comporiam um todo, ou uma totalidade de saberes relacionados ao evento. Entretanto, percebemos que são opiniões dissonantes e que não há consenso sobre as vozes ouvidas. Bem, há consenso sobre a primeira voz, inegavelmente francesa. A segunda, no entanto, confunde a todos. Essa voz será a chave para Dupin desvendar o crime misterioso, porém, nós, leitores, somos manipulados para acreditar que é uma voz humana, estrangeira. As testemunhas falam sobre a existência de duas vozes, atribuem nacionalidade à segunda fala, elaboram hipóteses sobre quem poderia ter uma voz tão diferente. É difícil pensar em uma presença animal, ainda mais porque o tufo de pelo encontrado no chão é descrito como "três mechas de cabelos humanos grisalhos" (Poe, 2012, p. 309). O testemunho de Dumas, médico que examinou os corpos, refere-se a marcas de dedo no pescoço da jovem assassinada e a uma pressão feita por joelho, ocasionada "pelas mãos de um homem muito forte. Mulher alguma teria sido capaz de provocar tais ferimentos" (Poe, 2012, p. 315, grifo nosso). Enfim, o campo lexical escolhido pelos personagens remete imediatamente a um ser humano do gênero masculino. Não são apresentadas evidências que coloquem isso em questão.

Além disso, vários depoimentos abordarão a questão do dinheiro, assunto que ganhará lugar central em nossa interpretação. Afinal, esse ponto parece ser relevante para as testemunhas, razão pela qual as quantias abandonadas no chão do quarto recebem bastante atenção. Sabemos que o narrador é de primeira pessoa e que ele utiliza um texto jornalístico com relatos feitos por observadores parciais. Ainda assim, mesmo duvidando do que essas vozes afirmam, não há materialidade linguística suficiente para chegarmos às mesmas conclusões de Dupin. Várias vezes, e de formas diferentes, o texto reitera a complexidade e a ausência de luz sobre os eventos, desde a primeira referência a eles:

"*A tragédia na Rue Morgue*. Muitos indivíduos têm sido interrogados em relação a esse tão extraordinário e assombroso caso [...], mas nada ainda surgiu capaz de lançar alguma luz sobre ele. Fornecemos abaixo todos os depoimentos relevantes extraídos" (Poe, 2012, p. 310, grifo do original).

Isso significa que ninguém no mundo foi ou será capaz de, na primeira leitura do conto, desvendar sozinho seu mistério? Não exatamente. É possível que algum leitor tenha feito as inferências necessárias e chegado ao mesmo resultado de Dupin. Mas, se fez isso, foi a despeito do texto, uma vez que a materialidade linguística desse conto não fornece subsídios suficientes para que um leitor consiga solucionar o caso da mesma forma que o detetive de Poe, pois não dá acesso às observações feitas pelo francês. O leitor teve acesso, no entanto, ao ponto de vista do narrador, que, como vimos, não tem o mesmo poder de observação que o protagonista.

O texto de Poe se programa em torno de um leitor cuja existência ele reconhece textualmente: "a narrativa que se segue irá se afigurar ao leitor mais ou menos como um comentário sobre as proposições até aqui aventadas" (Poe, 2012, p. 304). Nós, como estudiosos desse texto do autor, precisamos levar em consideração de que modo ele mobiliza as estratégias textuais para causar um efeito em seu leitor presumido. Nesse caso, o próprio tamanho do texto parece fazer parte das preocupações composicionais. No que diz respeito à extensão, Poe afirma se preocupar com a experiência de leitura, de maneira que, para ele, a obra deve ser longa o suficiente para prender a atenção, mas não tão longa que o leitor tenha de interrompê-la para se dedicar a outros afazeres.

Generalizando mais uma vez a composição de O corvo para o restante de sua obra, devemos destacar:

> A consideração inicial foi a extensão. Se alguma composição literária é longa demais para ser lida de uma só vez, temos que concordar em abrir mão do efeito imensamente importante que deriva da unidade de impressão – pois, se forem necessários dois momentos de leitura, os assuntos do mundo interferem e qualquer intenção de totalidade é destruída na mesma hora. (Poe, 2011, p. 20)

Para que o efeito do texto não corresse o risco de ser dissipado, Poe utilizava o raciocínio de que ele deveria ser lido em um único momento de leitura. Talvez a opção do autor por contos – conhecemos apenas um romance de Poe, contra mais de 70 contos e uma quinzena de poemas – possa ser compreendida também pelo viés do que o autor chama de *unidade de efeito*, baseada na apreensão da totalidade da obra.

A hipótese faz algum sentido, mas não podemos tomá-la como verdade absoluta, ainda mais porque a maioria da produção de Poe foi voltada para a publicação em jornais, uma vez que tal atividade lhe garantia a subsistência. Não podemos ignorar os componentes contextuais que, nesse caso, são fortemente sociais e econômicos, quando buscamos compreender melhor a produção de um autor. Afinal, escritores e escritoras são homens e mulheres de suas épocas e sociedades. Por mais à frente do próprio tempo que seja o pensamento de um grande autor, ele ainda assim é um sujeito social desse mesmo tempo. De toda forma, a brevidade, independentemente de sua motivação exterior, faz parte do projeto textual de Os assassinatos na Rue Morgue e influencia diretamente na experiência de leitura.

Como discutimos aqui, há intencionalidade na construção do conto de Poe. Uma das grandes marcas da literatura que ultrapassa as barreiras temporais é justamente essa, pois é alicerçada sobre toda uma programação textual que abrange desde escolhas textuais, em termos de sequência de eventos e da forma como eles são narrados, até os termos usados e os nomes de personagens ou lugares.

Nesse sentido, um mestre do uso da linguagem para guiar o leitor (e, às vezes, enganar esse mesmo leitor) pelo labirinto da existência humana é Machado de Assis (Rio de Janeiro, 1839-1908). Vamos, então, ao estudo do Bruxo do Cosme Velho!

Possivelmente, Machado de Assis é um ponto pacífico nos estudos literários brasileiros. Juntando a trajetória nos estudos em Letras dos dois autores que escrevem aqui, que somam quase 30 anos de experiência, em momento nenhum ouvimos depoimentos contra o fato de Machado ser um dos autores mais essenciais de nossa literatura. Que ele é chato? Todo mundo que já ministrou aulas sobre esse autor já escutou isso. Que a linguagem é complexa? Idem. Mas a questão é que, inegavelmente, as contribuições do escritor carioca ultrapassam o domínio do gosto e representam inovações importantes.

Contudo, até mesmo o grande Machado de Assis tem produções de menor impacto em sua bibliografia. De fato, *Memórias póstumas de Brás Cubas* foi um divisor de águas em vários sentidos. Embora tenha sido veiculado, pela primeira vez, em formato de folhetim, em 1880, sua publicação em livro um ano depois é considerada o marco zero do realismo brasileiro. Com esse romance, Machado de Assis inaugura também a fase realista de sua obra, que, anteriormente, tinha forte carga romântica (aliás, a tensão entre as duas estéticas literárias é explicitada na discussão metalinguística feita ao longo do livro do escritor brasileiro, da qual nos ocuparemos logo mais). Além disso, a questão do narrador é exemplar nesse momento. Nas palavras de Alfredo Bosi, em seu *História concisa da literatura brasileira*:

> A revolução dessa obra, que parece cavar um fosso entre dois mundos, foi uma revolução ideológica e formal: aprofundando o desprezo às idealizações românticas e ferindo no cerne o mito do narrador onisciente, que tudo vê e tudo julga, deixou emergir a consciência nua do indivíduo, fraco e incoerente. O que restou foram as memórias de um homem igual a tantos outros, o cauto e desfrutador Brás Cubas. (Bosi, 2006, p. 177)

Assim como em *Rue Morgue*, o narrador de *Brás Cubas* oferece uma visão de dentro da narrativa de um personagem que não apenas presenciou como viveu as histórias narradas. Porém, ao contrário do narrador sem nome de Poe, que menos participa do que observa de dentro, o de Machado de Assis está profundamente envolvido na narrativa, pois se trata, obviamente, da história de sua vida e de sua morte. Sendo um narrador-protagonista, ele nos oferece uma perspectiva privilegiada dos eventos, a qual, naturalmente, vem carregada de suas próprias percepções.

É neste ponto que o realismo da obra se destaca: em vez de a perspectiva ser ufanista de um passado glorioso, de uma vida heroica ou idealizada, o narrador apresenta uma análise cáustica, sarcástica e que se pretende factual e sincera. O objetivo de Brás Cubas é discorrer sobre sua vida nem um pouco brilhante ou distinta e os eventos que o levaram a uma morte igualmente sem glória ou notoriedade. Seu compromisso é, dessa forma, com ele mesmo e com sua existência ordinária. Antes mesmo de seu relato começar, Brás Cubas termina sua nota ao leitor da seguinte maneira:

> Conseguintemente, evito contar o processo extraordinário que empreguei na composição destas Memórias, trabalhadas cá no outro mundo. Seria curioso, mas nimiamente extenso, e aliás desnecessário ao entendimento da obra. A obra em si mesma é tudo: se te agradar, fino leitor, pago-me da tarefa; se te não agradar, pago-te com um piparote, e adeus. (Assis, 1971, p. 11)

Não importa a pós-vida ou os processos que permitiram ao personagem ser o tal do defunto autor. O mágico ou o sobrenatural não têm lugar aqui e não influenciam o desenvolvimento do romance, pois seu assunto é outro (trataremos de um raciocínio bastante parecido na análise do livro *A metamorfose*, de Kafka). Quanto ao leitor, ele está previsto no projeto textual da obra de cabo a rabo, mas desde o começo podemos perceber que Brás Cubas não se preocupa muito se o leitor gostará ou não do texto.

Cabe observar aqui que é importante não confundir Brás Cubas com Machado de Assis. Perdoe-nos a obviedade, mas precisamos relembrar que eles são muito diferentes. Machado de Assis é autor do romance *Memórias póstumas de Brás Cubas*, ou seja, a pessoa que criou o personagem e seu universo ficcional, mobilizando, para isso, diversas estratégias textuais, como a escolha de um narrador-personagem e o fato de a narrativa começar pelo final de sua vida. Por sua vez, Brás Cubas é personagem e narrador de sua história. Todavia, como ele assume a posição de defunto autor, ao lermos o texto, aceitamos que estamos lendo suas memórias, manifestadas por meio de sua voz de autor. Os comentários feitos no texto, a maneira como o leitor é tratado e os juízos de valor emitidos são de Brás Cubas, um personagem ficcional; portanto, não podem ser atribuídos ao autor do romance, Machado de Assis. Então, caro leitor, ao analisarmos esse clássico da literatura, é necessário estabelecer claramente essa distinção.

## quatropontoquatro
## Um defunto autor

O artifício de um "defunto autor" é particularmente brilhante, pois permite ao texto literário certas liberdades que seriam impensadas, na época, por parte dos indivíduos participantes daquela sociedade, uma vez que após a morte, nesse universo ficcional, mais nada pode compelir o narrador-personagem a continuar aderindo às regras sociais. Desse modo, Brás Cubas não tem mais de se preocupar com julgamentos ou aparências. A maior parte de sua vida foi devotada ao propósito de se enquadrar às estruturas vigentes e àquilo que seu pai desejava dele. Agora, não precisando mais temer escândalos, punições ou coisa equivalente, ele é livre para dizer o que lhe vem à cabeça e revelar as torpezas de sua existência, o que faz de forma libertadora.

Brás Cubas tampouco precisa agradar aos outros. Isso também ficou para trás, no mundo dos vivos. Uma vez morto, ele pode se libertar de toda e qualquer amarra moral e social e, enfim, ser sincero consigo mesmo e com seus contemporâneos. Ora, essa abertura parece convidar a um texto imoral e escandaloso no melhor estilo *Decamerão*, certo? Em parte. De fato, o que Brás Cubas narra é escandaloso para a época: seu romance extraconjugal com Virgínia, a corrupção de Dona Plácida, para usar sua casa como um motel, o filho natimorto, fruto do adultério; para além disso, a existência de Marcela e o uso de fundos paternos para lhe recompensar os favores afetivos e sexuais.

Assim como hoje, todas essas condutas não eram bem-vistas pela sociedade, principalmente advindas de alguém na posição social de Brás Cubas. De certa forma, o escândalo narrado era socialmente esperado para a época, ou seja, as torpezas que o personagem levou a cabo em vida nada mais eram do que desvios morais desinteressantes, de um ser igualmente desinteressante, revelados por "um defunto, que se pintou a si e a outros, conforme lhe pareceu melhor e mais certo" (Assis, 1971, p. 9).

Um adendo necessário em relação a esse aspecto: não é porque Brás Cubas não se inibe mais e revela seus segredos e suas percepções que podemos considerá-los como verdade absoluta. É sempre fundamental ter em mente que a verdade de Brás Cubas é apenas dele, de modo que os eventos e seres mencionados em seu relato chegam a nós, leitores, a partir de seu prisma, de sua interpretação. Temos aqui um narrador sem amarras e inibições morais e sociais, mas que, mesmo assim, joga em seu próprio time, isto é, toma partido de si mesmo e defende seus próprios pontos de vista.

Cá entre nós, leitor, Brás Cubas não é conhecido por mostrar humildade e, em uma consideração um tanto anacrônica, temos de reconhecer a elevada autoestima desse personagem: "Que me conste, ainda ninguém relatou o seu próprio delírio; faço-o eu, e a ciência mo agradecerá. Se o leitor não é dado à contemplação destes fenômenos mentais, pode saltar o capítulo; vá direito à narração" (Assis, 1971, p. 22). A passagem citada é particularmente divertida, pois, ao mesmo tempo que ele incute importância científica em seu relato (em outros momentos, Brás Cubas chamará a atenção para a genialidade de sua escrita e, até mesmo, comparará seu texto ao Pentateuco bíblico), demonstra que reconhece a existência dos leitores de sua obra, mas parece afirmar tacitamente que seus interlocutores não são uma preocupação tão grande que valha a pena alterar o projeto textual por eles. Todavia, o personagem oferece ao leitor a oportunidade de acompanhar o brilhantismo de sua escrita:

> E vejam agora com que destreza; com que arte faço eu a maior transição deste livro. Vejam: o meu delírio começou em presença de Virgília; Virgília foi o meu grão pecado da juventude; não há juventude sem meninice; meninice supõe nascimento, e eis aqui como chegamos nós, sem esforço, ao dia 20 de outubro de 1805, em que nasci. Viram? Nenhuma juntura aparente, nada que divirta a atenção pausada do leitor: nada. De modo que o livro fica assim com todas as vantagens do método, sem a rigidez do método. (Assis, 1971, p. 28)

O diálogo com o leitor é, aliás, uma preocupação bastante perceptível no romance, de maneira que podemos encontrar o termo *leitor* (e suas variações) cerca de 40 vezes ao longo do livro, majoritariamente em posição de vocativo, o que denota um diálogo contínuo com esse suposto leitor. Não existe aí inovação da parte de Machado de Assis, já que essa estratégia era bem difundida nos textos de estética romântica, constituindo-se em uma ferramenta importante para os textos publicados de forma fascicular em folhetins. Ademais, como discutimos no Capítulo 2, o próprio autor do *Decamerão* já lançava mão da conversa e da interlocução com um leitor cujas reações imaginava conhecer.

De fato, Brás Cubas é um narrador-personagem que assume a posição de escritor de suas próprias memórias. Mais que isso, ao longo do texto, ele vai mostrando, a conta-gotas, o projeto de escrita que tem em mente, a fim de aumentar o impacto de suas revelações sobre o leitor (devendo-se lembrar que elas são menos chocantes do que o retrato de uma vida banal):

> Que há entre a vida e a morte? Uma curta ponte. Não obstante, se eu não compusesse este capítulo, padeceria o leitor um forte abalo, assaz danoso ao efeito do livro. Saltar de um retrato a um epitáfio, pode ser real e comum; o leitor, entretanto, não se refugia no livro, senão para escapar à vida. Não digo que este pensamento seja meu; digo que há nele uma dose de verdade, e que, ao menos, a forma é pinturesca. E repito: não é meu. (Assis, 1971, p. 144-145)

quatropontocinco
# *Memórias póstumas de Brás Cubas:* realismo ou delírio puro?

Originalmente lançado em folhetins, a partir de março de 1880, na *Revista Brasileira, Memórias póstumas de Brás Cubas* foi publicado como livro em 1881. No prólogo à terceira edição, Machado de Assis tece algumas considerações acerca de seu próprio texto, nas quais revela algumas influências literárias bastante poderosas:

> Capistrano de Abreu, noticiando a publicação do livro, perguntava: "As Memórias Póstumas de Brás Cubas são um romance?" Macedo Soares, em carta que me escreveu por esse tempo, recordava amigamente as Viagens na minha terra. Ao primeiro respondia já o defunto Brás Cubas (como o leitor viu e verá no prólogo dele que vai adiante) que sim e que não, que era romance para uns e não o era para outros. Quanto ao segundo, assim se explicou o finado: "Trata-se de uma obra difusa, na qual eu, Brás Cubas, se adotei a forma livre de um Sterne ou de um Xavier de Maistre, não sei se lhe meti algumas rabugens de pessimismo." Toda essa gente viajou: Xavier de Maistre à roda do quarto, Garret na terra dele, Sterne na terra dos outros. De Brás Cubas se pode dizer que viajou à roda da vida. (Assis, 1971, p. 9)

Atribuindo ao próprio Brás Cubas (quase como se ele fosse uma figura real e não um personagem de sua lida) um repertório que inclui Maistre, Garret e Sterne, os quais trataram de viagens e memórias de viagens mais ou menos fantásticas, Machado de Assis insere o texto em uma tradição de peso, ao mesmo tempo que reconhece a inovação trazida pelo seu texto à literatura. A própria dedicatória do livro (também na voz de Brás Cubas) já avisa ao leitor que a matéria do texto será inusitada: "Ao verme que primeiro roeu as frias carnes do meu cadáver dedico como saudosa lembrança estas Memórias Póstumas" (Assis, 1971, p. 13). Isso reforça mais ainda o que é afirmado na nota ao leitor (e que repete o prólogo de Machado de Assis, assim como delimita a visão oferecida a respeito da história do personagem):

> Trata-se, na verdade, de uma obra difusa, na qual eu, Brás Cubas, se adotei a forma livre de um Sterne, ou de um Xavier de Maistre, não sei se lhe meti algumas rabugens de pessimismo. Pode ser. Obra de finado. Escrevi-a com a pena da galhofa e a tinta da melancolia, e não é difícil antever o que poderá sair desse conúbio. Acresce que a gente grave achará no livro umas aparências de puro romance, ao passo que a gente frívola não achará nele o seu romance usual; ei-lo aí fica privado da estima dos graves e do amor dos frívolos, que são as duas colunas máximas da opinião. (Assis, 1971, p. 11)

Contrariamente à idealização romântica dos personagens, verdadeiros heróis, e de suas vidas que, se não foram cheias de glória, encontraram a honra e a deferência no final, Brás Cubas apresenta a visão realista de uma vida burguesa sem oferecer tintas grandiosas para esse retrato, mesmo quando trata do reencontro com o grande amor de sua vida: "Quem diria? De dois grandes namorados, de duas paixões sem freio, nada mais havia ali, vinte anos depois; havia apenas dois corações murchos, devastados pela vida e saciados dela, não sei se em igual dose, mas enfim saciados" (Assis, 1971, p. 21).

A esse respeito, a passagem a seguir é exemplar:

> Tinha dezessete anos; pungia-me um buçozinho que eu forcejava por trazer a bigode. Os olhos, vivos e resolutos, eram a minha feição verdadeiramente máscula. Como ostentasse certa arrogância, não se distinguia bem se era uma criança, com fumos de homem, se um homem com ares de menino. Ao cabo, era um lindo garção, lindo e audaz, que entrava na vida de botas e esporas, chicote na mão e sangue nas veias, cavalgando um corcel nervoso, rijo, veloz, como o corcel das antigas baladas, que o romantismo foi buscar ao castelo medieval, para dar com ele nas ruas do nosso século. O pior é que o estafaram a tal ponto, que foi preciso deitá-lo à margem, onde o realismo o veio achar, comido de lazeira e vermes, e, por compaixão, o transportou para os seus livros. (Assis, 1971, p. 38)

Naturalmente, dada sua autoestima hipertrofiada em diversos momentos, essa descrição de si mesmo em sua mocidade é mais elogiosa do que qualquer outra coisa. Mas o ponto que convém destacar aqui é a comparação entre romantismo e realismo que há nesse trecho, por meio da metáfora da montaria. A entrada na juventude é feita com viço e animação, digna do ideal romântico da mocidade e de suas aventuras. Todavia, diante da vida cotidiana e em sociedade do século XIX, a empolgação cede espaço à visão realista, com sua crueldade, hipocrisia e tédio. Aliás, o livro é completamente pródigo em exemplos que chamam a atenção para esse posicionamento em relação aos fatos narrados:

> Talvez espante ao leitor a franqueza com que lhe exponho e realço a minha mediocridade; advirta que a franqueza é a primeira virtude de um defunto. Na vida, o olhar da opinião, o contraste dos interesses, a luta das cobiças obrigam a gente a calar os trapos velhos, a disfarçar os rasgões e os remendos, a não estender ao mundo as revelações que faz à consciência; e o melhor da obrigação é quando, à força de embaçar os outros, embaça-se um homem a si mesmo, porque em tal caso poupa-se o vexame, que é uma sensação penosa, e a hipocrisia, que é um vício hediondo. Mas, na morte, que diferença! que desabafo! que liberdade! Como a gente pode sacudir fora a capa, deitar ao fosso as lantejoulas, despregar-se, despintar-se, desafeitar-se, confessar lisamente o que foi e o que deixou de ser! Porque, em suma, já não há vizinhos, nem amigos, nem inimigos, nem conhecidos, nem estranhos; não há plateia. O olhar da opinião, esse olhar agudo e judicial, perde a virtude, logo que pisamos o território da morte; não digo que ele se não estenda para cá, e nos não examine e julgue; mas a nós é que não se nos dá do exame nem do julgamento. Senhores vivos, não há nada tão incomensurável como o desdém dos finados. (Assis, 1971, p. 54)

Em *Memórias póstumas de Brás Cubas*, são quebrados diversos paradigmas românticos:

> No plano da invenção ficcional e poética, o primeiro reflexo sensível é a descida de tom no modo de o escritor relacionar-se com

a matéria de sua obra. O liame que se estabelecia entre o autor romântico e o mundo estava afetado de uma série de mitos idealizantes: a natureza-mãe, a natureza-refúgio, o amor-fatalidade, a mulher-diva, o herói-prometeu, sem falar na aura que cingia alguns ídolos como a "Nação", a "Pátria", a "Tradição", etc. (Bosi, 2006, p. 167)

O romance de Machado contrapõe-se a todos os mitos citados por Bosi e a vários outros. A natureza é figurada não como refúgio, mas como ambivalente, pois é fonte da vida, mas também da morte. O amor e o casamento são tratados como negócio, mostrando uma face mesquinha do relacionamento humano. As mulheres são apresentadas com um viés mais calculista, longe do ideal da moça casadoira, inocente, pura e "besta". O herói, bem, que herói? O protagonista é um ser falível, cujos valores e ambições não são alcançados, já que não obtém nem fama, nem glória...

> Da história vulgar de adultério de Brás Cubas-Virgínia-Lobo Neves à triste comédia de equívocos de Rubião-Sofia-Palha (Quincas Borba), e desta à tragédia perfeita de Bentinho-Capitu-Escobar (D. Casmurro) só aparecem variantes de uma só e mesma lei: não há mais heróis a cumprir missões ou a afirmar a própria vontade; há apenas destinos, destinos sem grandeza. (Bosi, 2006, p. 180)

Destinos sem grandeza e que serão invariavelmente esquecidos e varridos da face da Terra. A grande contribuição de Brás Cubas são suas memórias, escritas após sua morte e que, segundo o personagem, talvez não terão nem cinco leitores. Qual é a marca, então, desse ser em seu universo ficcional? Finalizamos a discussão por ora, dado que ela é infinita, com as linhas finais do texto de Machado de Assis, pois não há voz melhor para terminar essas anotações:

> Este último capítulo é todo de negativas. Não alcancei a celebridade do emplasto, não fui ministro, não fui califa, não conheci o casamento. Verdade é que, ao lado dessas faltas, coube-me a boa fortuna de não comprar o pão com o suor do meu rosto. Mais; não padeci a morte de D. Plácida, nem a semidemência do Quincas Borba. Somadas umas coisas e outras, qualquer pessoa imaginará que não houve míngua nem sobra, e conseguintemente que saí quite com a vida. E imaginará mal; porque ao chegar a este outro lado do mistério, achei-me com um pequeno saldo, que é a derradeira negativa deste capítulo de negativas: — Não tive filhos, não transmiti a nenhuma criatura o legado da nossa miséria. (Assis, 1971, p. 173)

## Síntese

Neste capítulo, prosseguimos em nossos estudos sobre os clássicos da literatura mundial. Primeiramente, debruçamo-nos sobre um conto de Edgar Allan Poe que destoa um pouco do restante de suas publicações, por não ser um texto de suspense e terror. *Os assassinatos na Rue Morgue* traz em si a marca do horror, mas de uma maneira diversa: por meio da investigação de dois assassinatos brutais, o narrador-testemunha ilustra como as habilidades analíticas se manifestam na mente apurada de Auguste Dupin.

Também contando com um narrador-personagem, cuja visão parcial dos fatos narrados propicia um acompanhamento intenso de seus pontos de vista, *Memórias póstumas de Brás Cubas* aparece como um texto brasileiro de grande potência. Nessa obra, Machado de Assis apresenta um personagem falível e nada glorioso, que dá testemunho, desde o túmulo, de sua vida burguesa sem brilho e sem vitórias. Sendo o marco zero do realismo no Brasil, o romance do Bruxo do Cosme Velho é um ótimo caso de sucesso realista para análise, já que, mesmo com estrutura radicalmente diferente da de outros textos da época, como *Madame Bovary*, é capaz de exprimir os meandros da alma humana e da hipocrisia social.

## INDICAÇÕES CULTURAIS

Sugerimos fortemente que você leia as obras analisadas neste capítulo, para compreender melhor o lugar delas no cânone literário e, também, tirar suas próprias conclusões. No estudo de literatura, é essencial conhecer os textos que você analisa e sempre lembrar que sua interpretação pode ser diferente da de outras pessoas.

ASSIS, J. M. M. de. Memórias póstumas de Brás Cubas e Dom Casmurro. São Paulo: Abril Cultural, 1971.

POE, E. A. Contos de imaginação e mistério. São Paulo: Tordesilhas, 2012.

# Atividades de autoavaliação

1. Leia a seguinte citação:

> Utilizar um amigo do detetive como narrador foi um artifício adotado por dois talentosos seguidores de Poe: Arthur Conan Doyle e Agatha Christie. Responsável pela criação do famoso Sherlock Holmes, Conan Doyle nunca deixou o personagem sem a companhia do fiel dr. Watson. Agatha Christie, por sua vez, concebeu não apenas a figura do detetive Hercule Poirot como a de seu parceiro, o ingênuo capitão Hastings. (Nielsen, 2007, p. 54)

A respeito do narrador em *Os assassinatos na Rue Morgue*, avalie as afirmações a seguir.

I. O texto se beneficia do narrador em primeira pessoa, pois a visão parcial dos fatos ajuda a construir a grande revelação ao final.

II. Se o texto fosse escrito em terceira pessoa, possivelmente o efeito causado no leitor seria o mesmo.

III. A capacidade analítica e dedutiva de Dupin parece ser mais relevante para o narrador-personagem do que o crime que ocorreu na *Rue Morgue* em si.

Agora, assinale a alternativa que apresenta as afirmações coerentes com nossos estudos:

a. I e II.
b. II e III.
c. I e III.
d. I, II e III.
e. I, apenas.

2. O gênero do romance policial tem em Poe seu marco inicial e, desde então, vem se desenvolvendo e explorando caminhos diversos. No início do século XX, o escritor W. H. Wright sistematizou algumas "normas" que, segundo ele, orientariam esse gênero. A esse respeito, leia a citação a seguir.

> O autor W. H. Wright, que sob o pseudônimo Van Dine criou o detetive dandy Philo Vance, chegou a sistematizar um conjunto de normas que aparecem em "Vinte regras para escrever histórias policiais". Dentre as mais importantes, figuram as seguintes: (i) o romance precisa ter um detetive, um culpado e uma vítima; (ii) o detetive nunca é o culpado; leitor e detetive devem ter a mesma chance de descobrir o criminoso; (iii) a narrativa não contém intriga amorosa; o amor é menos importante que o crime; (iv) o detetive não deve usar meios que enganem o leitor ou que tenham sido usados pelo criminoso; (v) o mistério deve ser descoberto por meios realistas; (vi) o criminoso não pode ser um profissional; e (vii) análises psicológicas e soluções banais são descartadas (p. 35). (Nielsen, 2007, p. 55)

Considerando a leitura e análise do conto *Os assassinatos na Rue Morgue*, assinale a alternativa que melhor representa a relação entre essas normas e o texto de Poe:

a. O conto de Poe se enquadra perfeitamente nas normas sistematizadas por Vance, uma vez que atende a todas as condições especificadas.
b. A norma V é ferida no conto de Poe, visto que, para haver realismo, a situação não pode ser insólita.
c. A norma VI não se aplica ao conto de Poe, porque o leitor é claramente enganado e induzido ao erro pelo próprio Dupin, sendo também impossível encaixar-se na norma II.

d. A norma VII não se relaciona ao conto de Poe, uma vez que recorrer a um assassino não humano é banal.

e. A norma II não se aplica ao conto de Poe, pois o leitor é induzido ao erro, em razão do poder de observação menos aguçado do narrador.

3. Sobre o romance *Memórias póstumas de Brás Cubas*, avalie os itens a seguir e indique V para os verdadeiros e F para os falsos.

( ) Visão pessimista e sarcástica da vida burguesa.

( ) Rejeição dos valores e da estética romântica.

( ) Emprego de técnicas narrativas pouco usuais para a época.

A seguir, assinale a alternativa que apresenta a sequência obtida:

a. V, V, F.
b. V, V, V.
c. F, F, F.
d. F, V, F.
e. V, F, V.

4. A respeito de *Memórias póstumas de Brás Cubas*, avalie as afirmações a seguir.

I. A posição de defunto autor garante a Brás Cubas maior abertura e maior sinceridade, uma vez que não ele não precisa mais temer as amarras sociais.

II. O narrador protagonista revela um ponto de vista limitado, pautado pelo seu conhecimento e por sua participação nos eventos narrados.

III. Em seu relato, Brás Cubas admite expressar melancolia ao mesmo tempo que reconhece o tom de zombaria.

Agora, assinale a alternativa que apresenta as afirmações coerentes com nossos estudos:

a. I e II.
b. II e III.
c. I e III.
d. I, II e III.
e. Nenhuma das afirmações.

5. (Unicamp – 2015) Leia o seguinte excerto de *Memórias póstumas de Brás Cubas*, de Machado de Assis:

> Deixa lá dizer Pascal que o homem é um caniço pensante. Não; é uma errata pensante, isso sim. Cada estação da vida é uma edição, que corrige a anterior, e que será corrigida também, até a edição definitiva, que o editor dá de graça aos vermes.
> (Machado de Assis, *Memórias póstumas de Brás Cubas*. São Paulo: Ateliê Editorial, 2001, p. 120.)

Na passagem citada, a substituição da máxima pascalina de que o homem é um caniço pensante pelo enunciado "o homem é uma errata pensante" significa

a. a realização da contabilidade dos erros acumulados na vida porque, em última instância, não há "edição definitiva".
b. a tomada de consciência do caráter provisório da existência humana, levando à celebração de cada instante vivido.
c. a tomada de consciência do caráter provisório da existência humana e a percepção de que esta é passível de correção.
d. a ausência de sentido em "cada estação da vida", já que a morte espera o homem em sua "edição definitiva".

## Atividades de aprendizagem

Questões para reflexão

1. Acesse seu repertório pessoal e escolha uma narrativa que apresente o mesmo padrão de observação, investigação e dedução de Auguste Dupin em *Os assassinatos na Rue Morgue*. Se você não se lembrar de nada imediatamente, pode selecionar contos ou adaptações para séries ou filmes das histórias de Sherlock Holmes, Hercule Poirot e Miss Marple. Com base na leitura do conto de Poe, aponte semelhanças e diferenças entre as narrativas. Considere a linguagem utilizada e as adaptações (livros, filmes e séries têm suas idiossincrasias), bem como os personagens descritos. Avalie de que modo as duas narrativas se aproximam, o que elas têm em comum, se os personagens se parecem de alguma forma, se os mistérios em torno dos quais se organizam apresentam um padrão semelhante etc. Por fim, leve em conta o impacto programado sobre o leitor ou telespectador: É possível resolver o mistério sozinho ou a mediação dos personagens é necessária? Reflita sobre outras histórias que você conhece e que também são construídas para manipular a percepção do público. Além disso, considere: Você tem predileção por esse tipo de obra? Por quê?

2. Neste capítulo, ao longo da análise sobre *Os assassinatos na Rue Morgue*, praticamente fizemos uma viagem à Paris do final do XIX, por meio de registros históricos e das tecnologias Google Maps e Google Street View. Reflita sobre outras obras históricas que você já leu e avalie quais delas poderiam também ganhar, em termos de análise, com a realização do mesmo tipo de atividade ou, ainda, com o uso de recursos tecnológicos atuais.

## Atividade aplicada: prática

1. Ao longo deste capítulo, trabalhamos com especial interesse a questão do narrador de primeira pessoa. Essa instância da narrativa tem um gigantesco poder sobre o leitor, porque oferece fragmentos de um cenário maior. Nessa ótica, temos um acesso restrito e condicionado às interpretações e ao olhar desse narrador. A esse respeito, leia o último capítulo do livro *Memórias póstumas de Brás Cubas*, transcrito a seguir.

> CAPÍTULO CLX / DAS NEGATIVAS
>
> Entre a morte do Quincas Borba e a minha, mediaram os sucessos narrados na primeira parte do livro. O principal deles foi a invenção do *emplasto Brás Cubas*, que morreu comigo, por causa da moléstia que apanhei. Divino emplasto, tu me darias o primeiro lugar entre os homens, acima da ciência e da riqueza, porque eras a genuína e direta inspiração do Céu. O caso determinou o contrário; e aí vos ficais eternamente hipocondríacos.
>
> Este último capítulo é todo de negativas. Não alcancei a celebridade do emplasto, não fui ministro, não fui califa, não conheci o casamento. Verdade é que, ao lado dessas faltas, coube-me a boa fortuna de não comprar o pão com o suor do meu rosto. Mais; não padeci a morte de D. Plácida, nem a semidemência do Quincas Borba. Somadas umas coisas e outras, qualquer pessoa imaginará que não houve míngua nem sobra, e conseguintemente que saí quite com a vida. E imaginará mal; porque ao chegar a este outro lado do mistério, achei-me com um pequeno saldo, que é a derradeira negativa deste capítulo de negativas: — Não tive filhos, não transmiti a nenhuma criatura o legado da nossa miséria. (Assis, 1971, p. 173, grifo do original)

Após a leitura, transponha o trecho para a terceira pessoa. Em outras palavras, altere-o de modo a acomodar um narrador em terceira pessoa. Você pode escolher se esse novo narrador será onisciente ou não, mas tenha em mente que será necessário apagar todas as marcas do eu no discurso, transformando-o em uma narração distanciada e, segundo os preceitos do realismo, o mais neutra possível. Você também terá de retirar quaisquer traços de julgamento de valor do narrador e, se desejar conservá-los, precisará recorrer ao discurso direto ou indireto.

Depois de realizar essa atividade de transcrição, escreva uma pequena análise na qual você compare as duas estratégias (narração em primeira e terceira pessoa) do ponto de vista do estilo e, sobretudo, do efeito programado sobre o leitor. Aponte quais mudanças ocorreram no texto e de que forma elas podem alterar a percepção do leitor a respeito do fato narrado.

um   a literatura, a sociedade, o texto clássico e o leitor
dois   *Odisseia* e *Decamerão*
três   *Fausto* e *Madame Bovary*: ambição e engano
quatro   *Os assassinatos na Rue Morgue* e *Memórias póstumas de Brás Cubas*: metaliteratura e jogos com os leitores

## cinco   *A metamorfose* e *Mrs. Dalloway*: indivíduos profundamente complexos em suas solidões

seis   os clássicos hoje

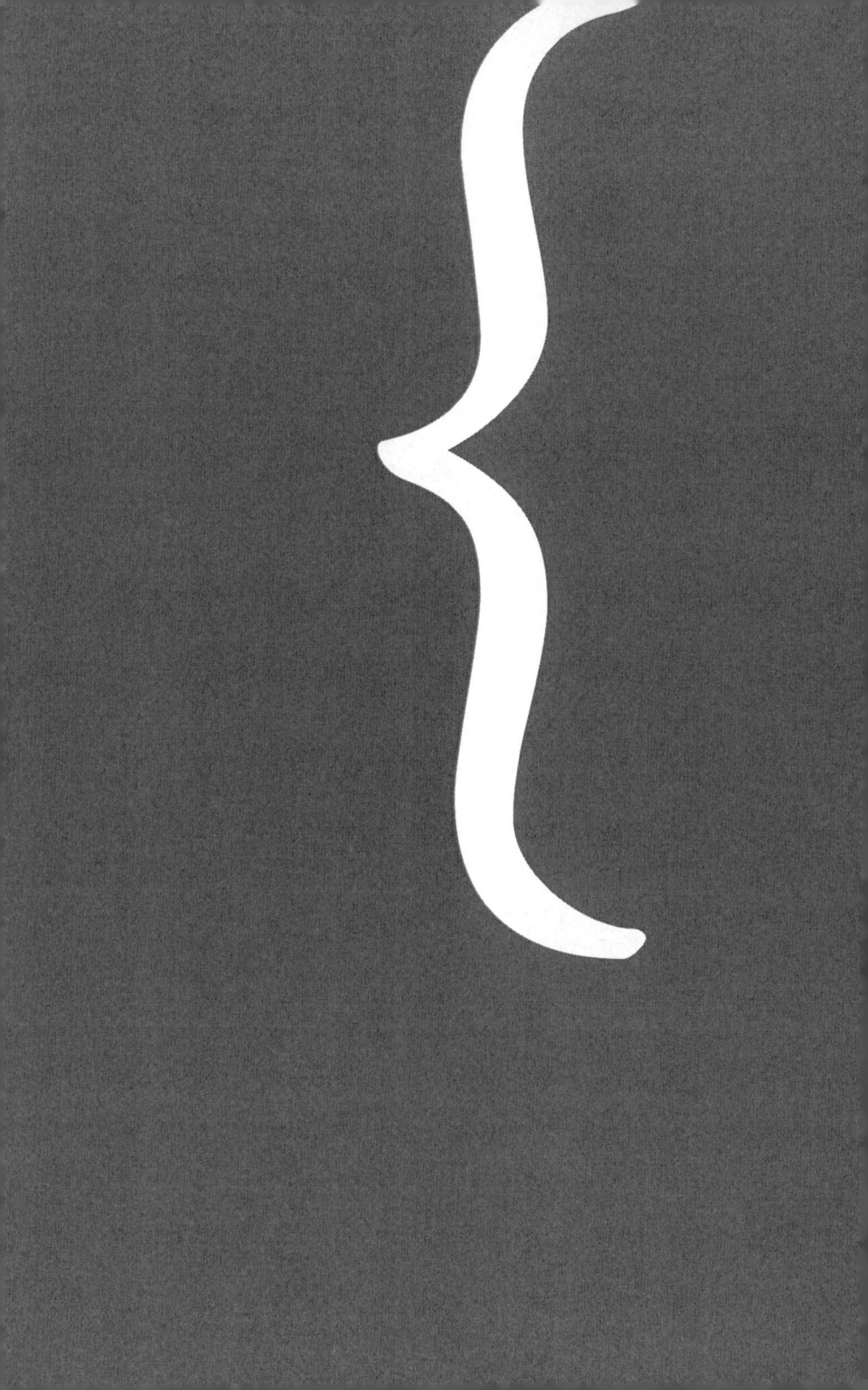

❰ NESTE CAPÍTULO, ENTRAREMOS em contato com dois grandes clássicos da modernidade ocidental do século XX: *A metamorfose*, do autor tcheco Franz Kafka, e *Mrs. Dalloway*, da inglesa Virginia Woolf. Como vimos em capítulos anteriores, a literatura é composta por várias obras e autores, sendo impossível sintetizar todo um longo período por meio da análise de apenas duas únicas obras. No entanto, com essa limitação posta, examinaremos algumas abordagens e possíveis caminhos para não apenas justificarmos a relevância das duas obras para o cânone literário ocidental como também apontarmos percursos de leitura e interpretação para tais obras, reforçando tanto o *status* de "universal" quanto o de "clássico" que ambas detêm.

Na primeira parte do capítulo, iniciaremos pelo começo da novela de Franz Kafka, para, em seguida, abordarmos algumas características que chamam a atenção no texto kafkiano, bem como possíveis caminhos interpretativos. Depois, estabeleceremos uma relação e uma ponte de contato entre os dois livros centrais deste capítulo. Nesse caso, a solidão e a complexidade são elementos de destaque para pensarmos as duas obras. Na sequência, analisaremos tanto as características do texto de Virginia Woolf quanto os olhares e as possíveis interpretações a serem considerados, tal como feito com o texto de Kafka.

## cincopontoum
## Um começo absurdo

A obra de Franz Kafka foi transformadora em muitos níveis. Literariamente, revolucionou a estrutura narrativa comumente observada até então. Tematicamente, abordou de novas formas assuntos de grande relevância, tecendo críticas sociais atemporais que ainda hoje reverberam e trazem profunda reflexão. De certo modo, ler uma de suas obras é, ao mesmo tempo, acessar o contexto da época do autor e refletir sobre a nossa sociedade de forma ampla e atemporal. Sob essa perspectiva, o começo de *A metamorfose* alterou a maneira como o romance foi estruturado, a partir de seu lançamento, em 1915: "Quando certa manhã Gregor Samsa acordou de sonhos intranquilos, encontrou-se em sua cama metamorfoseado num inseto monstruoso" (Kafka, 2019, p. 7). Ora, caro leitor, observe como já nas primeiras linhas o autor ilustra, de forma um tanto pitoresca, toda a trama da novela que será lida.

Antes de prosseguirmos em nossa análise, retomemos a estrutura clássica da construção narrativa: (i) introdução, (ii) complicação, (iii) clímax e (iv) desfecho.

Na introdução, geralmente são apresentados os personagens, o espaço, o tempo, o foco narrativo e alguns indícios do que será desenvolvido no enredo. O texto clássico normalmente começa com uma situação estável, em que o(a) protagonista vive uma vida já consolidada. Na complicação, algo acontece para modificar essa condição de estabilidade – Christopher Vogler, em sua obra essencial *A jornada do escritor*, menciona inúmeras possibilidades de isso ocorrer, apontando para estruturas largamente utilizadas em livros e em peças filmográficas. A partir desse ponto, a estabilidade é quebrada, e o texto caminha para crescentes situações de instabilidade, que se afunilam a cada página até culminar no ponto máximo de tensão, o clímax. Nele, o ponto-chave da narrativa acontece, indicando um final trágico ou um bem-sucedido. Desse modo, após o clímax, a situação – resolvida ou não – tende a se estabilizar, direcionando-se para o desfecho, em que uma nova situação será de fato estabelecida.

Pois bem, qual é a finalidade de evocarmos essa síntese sobre a forma como as histórias são estruturadas? Justamente para retomarmos a frase inicial de *A metamorfose*, em que Kafka dispensa introdução e complicação, apresentando ao leitor logo em sua primeira linha o clímax de toda a obra.

## Curiosidade

Um parêntese anedótico acerca de uma experiência de sala de aula de um dos autores (Vinícius): leciono há alguns anos na educação básica e trabalhei quase todo o período com o livro *A metamorfose* em sala de aula, geralmente com alunos de 9º ano e ensino médio. Deixando de lado o rigor da ciência estatística, percebo que uma esmagadora maioria dos alunos, ao iniciar a leitura da obra, comentava que estava curiosíssima para saber como Gregor Samsa havia se tornado um inseto, quais os motivos para isso ter acontecido. Muito me divertiam tais questionamentos e outros no mesmo estilo justamente por reforçarem o grande elemento da obra kafkiana: a disrupção do *status quo*. Ao contrário de mim, muitos alunos, ao finalizarem a obra, desapontavam-se por não haver qualquer tipo de resposta, uma mínima explicação – seja fantástica, seja científica – para a transformação do homem em inseto.

Então, eis o nosso começo: um absurdo, mas que é simplesmente posto, apresentado ao leitor com a naturalidade das coisas da vida comum: Gregor Samsa teve uma noite ruim (e quem nunca teve?) e acordou no dia seguinte um inseto monstruoso. A partir daí, a obra sinaliza veredas interessantes, e neste capítulo abordaremos levemente algumas delas. Caríssimo leitor, se você ainda não leu esse clássico da literatura, recomendamos que o faça o quanto antes.

## cinco.ponto.dois
# Franz Kafka: vanguarda literária

Ao estudarmos mais a fundo a obra de Kafka, deparamo-nos com todo um *corpus* de teoria e crítica literária que é, quase sempre, unânime em atribuir ao autor tcheco um *status* de vanguardismo no âmbito da produção de literatura. Muito disso se justifica pela forma como suas obras, hoje clássicos da literatura ocidental, apontam para visões e leituras de mundo únicas, que sintetizam aquilo que entendemos como uma faceta essencial do modernismo literário. Não adentraremos no campo da discussão teórica sobre o movimento em si, mas ilustraremos, nos próximos tópicos, de que modo alguns desses elementos surgem no texto kafkiano. Convém destacar que Kafka teve o mérito de ser tão icônico que seu texto recebeu um adjetivo: *kafkiano*, ou seja, aquilo que se faz "ao modo de Kafka". Mas o que isso significa, de modo objetivo e concreto? Vamos explicar na sequência deste capítulo.

### 5.2.1 Uma questão trabalhista

Ao estudarmos Kafka e a crítica literária que o cerca, é comum nos depararmos com uma reflexão bastante simples: a crítica kafkiana às relações de trabalho e ao sistema capitalista. Muito disso surge da própria vida de Franz Kafka – que foi um funcionário do Instituto de Seguro de Acidentes de Trabalho –, além de ser um tema recorrente em suas obras. O trabalho é um problema constante, raiz de vários males dos personagens e criador de situações incômodas. Vejamos como isso transparece em *A metamorfose*:

— O que aconteceu comigo? — pensou.
Não era um sonho. Seu quarto, um autêntico quarto humano, só que um pouco pequeno demais, permanecia calmo entre as quatro paredes bem conhecidas. Sobre a mesa, na qual se espalhava, desempacotado, um mostruário de tecidos — Samsa era caixeiro-viajante —, pendia a imagem que ele havia recortado fazia pouco tempo de uma revista ilustrada e colocado numa bela moldura dourada. Representava uma dama de chapéu de pele e boá de pele que, sentada em posição ereta, erguia ao encontro do espectador um pesado regalo também de pele, no qual desaparecia todo o seu antebraço.
O olhar de Gregor dirigiu-se então para a janela e o tempo turvo — ouviam-se gotas de chuva batendo no zinco do parapeito — deixou-o inteiramente melancólico.
— Que tal se eu continuasse dormindo mais um pouco e esquecesse todas essas tolices? — pensou, mas isso era completamente irrealizável, pois estava habituado a dormir do lado direito e no seu estado atual não conseguia se colocar nessa posição. Qualquer que fosse a força com que se jogava para o lado direito, balançava sempre de volta à postura de costas. Tentou isso umas cem vezes, fechando os olhos para não ter de enxergar as pernas desordenadamente agitadas, e só desistiu quando começou a sentir do lado uma dor ainda nunca experimentada, leve e surda.

— Ah, meu Deus! — pensou. — Que profissão cansativa eu escolhi. Entra dia, sai dia — viajando. A excitação comercial é muito maior que na própria sede da firma e além disso me é imposta essa canseira de viajar, a preocupação com a troca de trens, as refeições irregulares e ruins, um convívio humano que muda sempre, jamais perdura, nunca se torna caloroso. O diabo carregue tudo isso! (Kafka, 2019, p. 7-8, grifo nosso)

Ora, o primeiro pensamento mais complexo de Gregor ao se ver transformado em um inseto grotesco é o de espanto? O de tentar entender como aquilo acontecera e como resolver? Não.

Observemos juntos o excerto que destacamos, leitor. Nele, a ideia central é: "odeio meu trabalho", afinal, é cansativo, não permite vínculos fortes, a vida cotidiana é inconstante e frustrante. Dessa forma, como ignorar esse elemento no texto? Impossível.

Um ponto que se sobressai na narrativa é como esse trabalho é justificado logo no começo do texto:

— Acordar cedo assim deixa a pessoa completamente embotada — pensou. — O ser humano precisa ter o seu sono. Outros caixeiros-viajantes vivem como mulheres de harém. Por exemplo, quando volto no meio da tarde ao hotel para transcrever as encomendas obtidas, esses senhores ainda estão sentados para o café da manhã. Tentasse eu fazer isso com o chefe que tenho: voaria no ato para a rua. Aliás, quem sabe não seria muito bom para mim? Se não me contivesse, por causa dos meus pais, teria pedido demissão há muito tempo; teria me postado diante do chefe e dito o que penso do fundo do coração. Ele iria cair da sua banca! Também, é estranho o modo como toma assento nela e fala de cima para baixo com o funcionário — que além do mais precisa se aproximar bastante por causa da surdez do chefe. Bem, ainda não renunciei por completo à esperança: assim que juntar o dinheiro para lhe pagar a dívida dos meus pais — deve demorar ainda de cinco a seis anos — vou fazer isso sem falta. Chegará então a vez da grande ruptura. Por enquanto, porém, tenho de me levantar, pois meu trem parte às cinco. (Kafka, 2019, p. 9)

O que o texto nos permite inferir? Gregor detesta o trabalho e apenas o faz porque está, de algum modo ainda inexplicado no texto, preso a ele por conta de uma dívida contraída pelos pais – a qual é colossal, visto que ele é caixeiro já há cinco cincos e ainda precisa trabalhar por mais cinco, totalizando dez anos de serviço. Ainda, percebemos um rancor em relação ao chefe (que, segundo ele, destrata os funcionários) e também a outros colegas que trabalham com menos rigidez que ele.

Assim, fica claro que o trabalho é um tema perfeitamente possível de ser analisado em *A metamorfose*. Apesar de não nos aprofundarmos nesse tópico em específico, cabe pontuar que nossa função é apontar para alguns caminhos interpretativos a fim de propor novas leituras para esse clássico do século passado. Nessa ótica, de modo algum pretendemos limitar a leitura do texto a essa visão em particular, e sim revelar como é possível ver no texto clássico uma miríade de outras leituras, o que, em primeira e última instância, é usado como argumento para justificar por que um ou outro livro é ou não um clássico: a grande gama de interpretações que podem ser feitas sem soarem absurdas ou fora de contexto.

## 5.2.2 Uma questão espacial

A obra kafkiana, em especial *A metamorfose*, apresenta ao seu leitor um detalhe interessante, que geralmente pode passar despercebido em uma primeira leitura desatenta, mas que revela uma complexidade tremenda: o modo como o espaço reflete e influencia diretamente o aspecto psicológico dentro da construção do enredo. Observemos os seguintes excertos da obra:

I. "Seu quarto, um autêntico quarto humano, só que um pouco pequeno demais, permanecia calmo entre as quatro paredes bem conhecidas" (Kafka, 2019, p. 7).
II. "Mas o quarto alto e vazio, no qual era forçado a permanecer de bruços no chão, o angustiava, sem que pudesse descobrir a causa, pois afinal era o quarto habitado há cinco anos por ele [...]" (Kafka, 2019, p. 35).

O que nos chama a atenção, caro leitor? Sim, o tamanho do quarto muda. A partir dessa constatação, a primeira pergunta que surge é: Metaforicamente ou literalmente? Sabemos que a obra tem um quê de fantástico, afinal, o protagonista se torna um inseto da noite para o dia. Porém, à exceção de alguns trechos, nenhum outro elemento no livro comprova (ou não) que os cômodos da casa de fato mudaram de tamanho. Assim, como compreender essa mudança senão sob um viés psicológico?

Ora, não é o espaço que muda literalmente; é a percepção do protagonista que se altera por conta da própria noção daquilo que comumente conhecemos como se sentir pequeno/grande. Nesse sentido, outra pergunta surge: Gregor é um inseto pequeno ou grande? Ao que tudo indica, pela materialidade do texto, a última opção: "Quando Gregor já estava pela metade fora da cama — o novo método era mais um jogo que um esforço, ele só tinha de se balançar empurrando o corpo — ocorreu-lhe como seria simples se alguém viesse ajudá-lo. Duas pessoas fortes — pensou no pai e na empregada — bastariam plenamente" (Kafka, 2019, p. 15, grifo nosso).

E de que modo isso impacta a narrativa? Simples: a dubiedade, ou seja, a ambivalência de valores, é outro elemento central para o texto kafkiano. Como a obra não inicia pelo que se espera de um começo tradicional, muito não nos é explicado, restando-nos várias lacunas para preenchermos com a nossa própria percepção e imaginação. Isto, e justamente isso, faz do texto de Kafka um grande clássico: aquilo que não é dito é tão importante quanto o que de fato está escrito no texto, sendo o leitor uma peça-chave para o desenrolar da narrativa. Não importa de modo algum para o enredo se Gregor é ou não pequeno, se está literalmente transformado em um inseto ou se todo o livro é uma grande parábola para questões trabalhistas: a graça da obra é justamente trabalhar com a dúvida. Para reforçar, uma simples alegoria: Kafka nos entrega um quadro com pedaços em branco, sem tinta e moldura, sem nada por entre os trechos; nós, espectadores, é que preenchemos esse alegórico quadro.

Se o pacto faustiano certamente ocorre na obra de Goethe, tal como vimos no Capítulo 3, aqui o argumento é duvidoso — e precisamente por essa razão tão transformador e inovador. Ao lermos Kafka, a todo instante dúvidas de ordem material e imediata nos surgem, mas a conclusão que fica é a de que elas fazem parte da construção do texto e da experiência de leitura.

### 5.2.3 Uma questão de desumanização

Outro detalhe a ser considerado ao lermos *A metamorfose* está na esfera do simbólico: acompanhamos, página a página, como esse caixeiro-viajante que odeia seu trabalho é destituído de sua humanidade por seus próprios familiares. Observemos alguns trechos:

I.

— Entenderam uma única palavra? — perguntou o gerente aos pais. [...]
— Era uma voz de animal — disse o gerente, em voz sensivelmente mais baixa, comparada com os gritos da mãe. [...]
Certamente não entendiam mais suas palavras, embora para ele elas parecessem claras, mais claras do que antes, talvez porque o ouvido havia se acostumado. (Kafka, 2019, p. 22, grifo nosso)

II.

Gregor tomou impulso para alcançá-lo com a maior certeza possível; o gerente deve ter pressentido alguma coisa, pois deu um salto sobre vários degraus e desapareceu; ainda gritou "ui!" e o grito ressoou por toda a escadaria. Infelizmente a fuga do gerente pareceu perturbar por completo o pai, que até então tinha estado relativamente sereno; pois em vez de correr, ele próprio, atrás do gerente, ou pelo menos não impedir Gregor de persegui-lo, agarrou com a mão direita a bengala do gerente, que este havia deixado com o chapéu e o sobretudo em cima de uma cadeira, pegou com a esquerda um grande jornal da mesa e, batendo os pés, brandindo a bengala e o jornal, pôs-se a tocar Gregor de volta ao quarto. (Kafka, 2019, p. 29, grifo nosso)

III.

Mas jamais teria podido adivinhar o que, na sua bondade, a irmã de fato fez. Ela trouxe, para testar o seu gosto, todo um sortimento, espalhado sobre um jornal velho. Havia ali legumes já passados, meio apodrecidos; ossos do jantar, rodeados por um molho branco já endurecido; algumas passas e amêndoas; um queijo que, um dia antes, Gregor tinha declarado intragável; um pão seco, um pão com manteiga e um pão com manteiga e sal.
[...]
Rapidamente, um atrás do outro, com lágrimas de satisfação nos olhos, ele devorou o queijo, os legumes e o molho; as comidas frescas, ao contrário, não o agradavam, nem mesmo o seu cheiro ele conseguia suportar. (Kafka, 2019, p. 37)

IV.

No começo ela [a empregada] também o chamava ao seu encontro, com palavras que provavelmente considerava amistosas, como "venha um pouco aqui, velho bicho sujo!" ou "vejam só o velho bicho sujo!". (Kafka, 2019, p. 65)

Na realidade, trechos nos quais Gregor aparece sendo cada vez mais desumanizado sobram ao longo das páginas. No entanto, separamos quatro deles, dada a simbologia de cada um.

Esmiuçando, vamos ao primeiro deles. Nele, destacamos a questão da voz perdida. Literalmente, Gregor deixa de soar como um ser humano e passa a ser ouvido pelos outros personagens apenas por meio de grunhidos e barulhos ferais. Como o narrador está próximo quase todo o tempo, temos acesso aos seus pensamentos humanos, mas isso não ocorre com os outros personagens. É necessário ponderar que vários dos infortúnios que acometem Gregor, principalmente as cenas de violência por ele sofridas, acontecem por um problema comunicativo: ele tenta ações de aproximação, mas a família as entende como ameaças.

No segundo trecho, fica clara essa tentativa de aproximação – aqui de modo físico –, bem como a recepção de seu pai: a violência de ser agredido com o jornal, enrolado com o objetivo de matar insetos (como tradicionalmente representado em filmes, séries e desenhos), e o uso da bengala. Depois, ao longo das próximas páginas, o pai crava uma maçã nas costas de Gregor, e a irmã o ameaça com o punho fechado. Em todos esses casos, o protagonista é ameaçado e sofre punições pela condição que o acomete, sem a chance de mediar os conflitos justamente pelo fato de sua comunicação estar comprometida.

No terceiro trecho, talvez o mais repugnante de todos, Gregor é alimentado com lixo e sobras pela irmã. É certo que ele recusa o leite com mingau oferecido por primeiro, mas é de se estranhar que, ao ver essa oferta recusada (um prato simples, convenhamos), o próximo passo seja lhe oferecer lixo como comida.

Por fim, no quarto trecho, podemos ver como a empregada o trata: não como Gregor, e sim como um mero bicho. Se o personagem perde o dom da fala e do uso de palavras para manter uma comunicação, o que o leva a ser ostracizado e violentado pela própria família, a ponto de passar a comer lixo, restos e sobras, além de enfrentar toda forma possível de repugnância, é nesse momento que ele é totalmente desumanizado: um velho bicho sujo!

## 5.2.4 Um narrador questionável

Das possíveis leituras que apontamos, uma última nos chama a atenção. No livro, conforme comprovamos nos trechos evocados, há uma voz narrativa que está próxima do olhar de Gregor. Em alguns momentos, narrador e personagem até mesmo se confundem, embora sejam seres distintos. Nesta breve passagem podemos atestar isso, quando o narrador evoca a voz/pensamento de Grete, a irmã: "Não o descobriu logo, mas ao percebê-lo embaixo do canapé – santo Deus, em algum lugar ele havia de estar, não podia ter voado embora! – ela se assustou tanto que, incapaz de se dominar, fechou a porta outra vez por fora" (Kafka, 2019, p. 36, grifo nosso). Por meio desse detalhe, uma frase curta, entre travessões, sabemos que o narrador replica a voz de seus personagens.

Sobre esse aspecto, evocamos James Wood, que, na obra *Como funciona a ficção*, considera o seguinte acerca do laço entre narrador e protagonista:

> Na mesma hora em que alguém conta uma história sobre um personagem, a narrativa parece querer se concentrar em volta daquele

personagem, parece querer se fundir com ele, assumir seu modo de pensar e de falar. A onisciência de um romancista logo se torna algo como compartilhar segredos; isso se chama estilo indireto livre, expressão que possui diversos apelidos entre os romancistas – "terceira pessoa íntima" ou "entrar no personagem". (Wood, 2017, p. 24)

Desse modo, muito do que está sendo contado é, em alguma medida, a própria voz de Gregor, o que nos leva a reforçar aspectos de perspectiva – o espaço que se altera entre grande e pequeno, por exemplo – e de uma visão enviesada para esse protagonista: "habitamos simultaneamente a onisciência e a parcialidade [...] ver através dos olhos de um personagem enquanto somos incentivados a ver mais do que ele mesmo consegue ver (uma não confiabilidade idêntica à do narrador não confiável de primeira pessoa)" (Wood, 2017, p. 25).

Assim, recuperamos a primeira leitura, referente às dinâmicas das relações trabalhistas: Gregor detestava seu trabalho por uma série de fatores, estando preso a um emprego ruim, por conta de uma dívida dos pais, e que pagava mal. Agora, observemos um pequeno detalhe, que coloca em questionamento a situação trabalhista de Gregor:

> Já no decorrer do primeiro dia o pai expôs toda a situação financeira e as perspectivas tanto à mãe quanto à irmã. De quando em quando ele se levantava da mesa e pegava, no pequeno cofre-forte que tinha resgatado da falência do seu negócio, ocorrida cinco anos antes, algum documento ou livro de notas. Ouvia-se como ele destravava a complicada fechadura e a fechava outra vez, depois

de apanhar o que procurava. Essas explicações do pai foram em parte a primeira coisa agradável que Gregor escutou desde a sua reclusão. Ele achava que daquele negócio não havia sobrado absolutamente nada para o pai — pelo menos o pai não lhe dissera nada em sentido contrário e, seja como for, Gregor também não o havia interrogado. A preocupação de Gregor na época tinha sido apenas fazer tudo para a família esquecer o mais rápido possível a desgraça comercial, que havia levado todos a um estado de completa desesperança. E assim começara a trabalhar com um fogo muito especial e, quase da noite para o dia, passara de pequeno caixeiro a caixeiro-viajante, que naturalmente tinha possibilidades bem diversas de ganhar dinheiro e cujos êxitos no trabalho se transformaram imediatamente, na forma de provisões, **em dinheiro sonante que podia ser posto na mesa diante da família espantada e feliz.** Tinham sido bons tempos e nunca se repetiram, pelo menos não com esse brilho, embora Gregor mais tarde ganhasse tanto dinheiro que era capaz de assumir – e de fato assumiu – as despesas de toda a família. Tanto a família como Gregor acostumaram-se a isso: aceitava-se com gratidão o dinheiro, e ele o entregava com prazer, mas disso não resultou mais nenhum calor especial. (Kafka, 2019, p. 41, grifo nosso)

Ora, a primeira informação obtida ao longo do início da narrativa era sobre um trabalho desumano e infeliz, que obrigava Gregor a uma vida miserável por conta de uma dívida financeira contraída por seus pais. No entanto, na passagem que destacamos, fica claro que Gregor assumiu esse emprego por conta própria e não para ajudar a família, mas com vistas a receber um elogio e ser louvado por seus familiares – o que não acontece.

Podemos então, caro leitor, confiar nesse narrador e nesse Gregor? Para responder a essa pergunta, evocamos uma passagem da obra *The Rhetoric of Fiction*, de Wayne C. Booth, em que ele afirma: "Quem se importa? O novelista que escolhe contar esta história não pode, ao mesmo tempo, contar aquela história. Ao centralizar nosso interesse, simpatia ou afeição em um personagem, ele inevitavelmente exclui de nosso interesse, simpatia ou afeição alguns dos outros personagens"\* (Booth, 1983, p. 78-79, tradução nossa).

Eis o ponto: Quem se importa se podemos confiar ou não em Gregor? O objetivo não é esse, pelo contrário, já que, novamente, a dubiedade, marca essencial do texto kafkiano, aqui aparece reforçada.

Ainda, a fim de corroborarmos essa possibilidade de leitura sobre a questão de Gregor não ser exatamente quem achamos que é, vamos acompanhar, no trecho seguinte, leves julgamentos de valor que esse homem-inseto faz de seus próprios familiares:

> Gregor tomou então pleno conhecimento — pois o pai costumava se repetir muitas vezes nas suas explicações, em parte porque ele mesmo não se ocupava havia muito tempo dessas coisas, em parte também porque a mãe não entendia tudo logo na primeira vez [...].

---

\* No original: "who cares? The novelist who chooses to tell this story cannot at the same time tell that story; in centering our interest, sympathy, or affection on one character, he inevitably excludes from our interest, sympathy or affection some other characters" (Booth, 1983, p. 78-79).

> [...] E a velha mãe, que sofria de asma, a quem uma caminhada pelo apartamento já era um esforço, e que, dia sim dia não, passava o dia no sofá, junto à janela aberta, com dificuldades de respiração [...]. (Kafka, 2019, p. 43, grifo nosso)

Pois bem. Sutilmente, Gregor deixa escapar ao narrador e, consequentemente, a nós, leitores, que – segundo seu olhar – sua mãe é lenta de raciocínio e frágil de saúde. Vejamos o que pensa do pai:

> Ora, o pai era na verdade um homem saudável, porém velho, que não trabalhava fazia cinco anos e que, seja como for, não podia se exceder; nesses cinco anos, que foram as primeiras férias da sua vida estafante e no entanto malograda, ele havia engordado muito e com isso se tornado bastante moroso. (Kafka, 2019, p. 44)

Novamente, um olhar bastante crítico desse protagonista, que vê o pai como lento, vagabundo e azarado. Sobre a irmã, Grete, pensa o seguinte: "E deveria ganhar dinheiro a irmã, que com dezessete anos era ainda uma criança e cujo estilo de vida até agora dava gosto de ver, consistindo em vestir roupas bonitas, dormir bastante, ajudar na casa, participar de algumas diversões modestas e acima de tudo tocar violino?" (Kafka, 2019, p. 44).

Em suma, a partir do que pensa Gregor, temos uma mãe que é vista como burra, um pai que é visto como vagabundo e uma irmã que é vista como infantilizada e subestimada, que o protagonista entende ser apenas uma criança incapaz, apesar de seus 17 anos. No entanto, o enredo contradiz Gregor, quando nos apresenta cenas em que o pai demonstra ser forte e violento, capaz de ganhar dinheiro e sustentar a família; a mãe começa a trabalhar como costureira, não sendo a pessoa frágil que o personagem principal julga ser; a irmã ascende, ao final da trama, e toma o antigo lugar de Gregor, passando a ser a nova fonte de renda, e de felicidade – algo que Gregor nunca fora –, para a família.

Dessa forma, conseguimos sinalizar alguns caminhos para que você, leitor, possa segui-los, se assim lhe aprouver, de modo a entender como e por que motivo essa obra é tão importante para a literatura ocidental do século passado. Obviamente, existem vários outros caminhos, mas lembre-se de que nossa função, nesta obra, é introdutória.

## cincopontotrês
## Entre o fantástico absurdo kafkiano e a torrente de pensamentos de Woolf

*A metamorfose* e *Mrs. Dalloway* são grandes obras do século XX que fazem parte do cânone ocidental. Reconhecidas como obras-primas, ambas representam um desafio tanto de leitura quanto de compreensão. Desse modo, cabe a nós, estudiosos da literatura, buscar entender não apenas o texto como também o contexto e os movimentos históricos que acompanharam, e gestaram, esses dois livros. Tendo isso em vista, vamos evocar dois autores que trataram de movimentos artísticos essencialmente pictóricos e visuais.

O primeiro é Vincent Brocvielle, que, na obra *Petit Larousse da História da Arte*, comenta brevemente sobre o período:

> O mundo conhece grandes transformações entre o final do século XIX e o início do século XX. Preocupados em transmitir essa realidade, os artistas exploram novos caminhos. [...] O fauvismo acaba de nascer. O princípio desses pintores – Derain, Vlaminck, Matisse – é a cor. A perspectiva, o espaço e a luz, tão cara aos impressionistas, são rejeitados em favor da cor pura. Dois anos mais tarde, em 1907, com As Meninas de Avignon, Picasso inaugura o cubismo, na linha de Cézanne, que buscava simplificar as formas. [...] Essa decomposição, que o cubismo aplica ao objeto, o futurismo vai aplicar ao movimento. [...] Ao lado do trabalho com a cor, o objeto e o movimento, manifesta-se a vontade de o pintor colocar seus sentimentos, suas emoções no centro da representação, notadamente entre os expressionistas, como Munch ou Kirchner. (Brocvielle, 2012, p. 244-245)

Nesse fragmento, percebemos o panorama de multiplicidade dos novos movimentos artísticos estéticos que surgiram na época em que Kafka escreveu, em torno de 1910. Além disso, cabe considerarmos o momento de escrita de Virginia Woolf, dez anos depois, principalmente com o advento do surrealismo. Observemos o relato de Brocvielle (2012, p. 246):

Em 1924, o poeta André Breton apresenta o manifesto do surrealismo, que define da seguinte maneira: "Automatismo psíquico pelo qual se procura exprimir, seja oralmente, seja por escrito, seja por qualquer outra forma, o verdadeiro exercício do pensamento". Na linha do dadaísmo, que ele considera muito negativa, Breton entende que a criação artística deve ser libertada de qualquer regra e de qualquer costume. Ele se refere à libertação radical da criação, que não deve mais ser sustentada por reflexões intelectuais, mas buscará sua inspiração no inconsciente do artista. Inspirando-se em Freud, ele propõe que a expressão dos fantasmas, das obsessões ou mesmo dos sonhos, e utiliza o acaso como um antídoto para a razão.

Levando em conta esse excerto, é interessante já estabelecermos um vínculo com o que analisaremos no próximo tópico, sobre Virginia Woolf e sua principal característica: a torrente de pensamentos.

Entretanto, antes, acompanhe este trecho de Ernst Gombrich (2013, p. 437), quanto ao expressionismo:

> O que incomodava o público na arte expressionista talvez não fosse tanto a distorção da natureza em si, mas o fato de que o resultado se afastava da beleza. [...] De fato, os expressionistas sentiam-se tão movidos pelo sofrimento, pobreza, violência e paixões humanas que tendiam a achar que a insistência na harmonia e na beleza na arte só podia ser consequência de uma recusa da honestidade.

Ora, como não pensar automaticamente em *A metamorfose*, obra cujo protagonista é um homem que se transformou em um nojento inseto gigante, com as violências e agruras sofridas, a questão do dinheiro e a falta de relacionamentos humanos revelados na leitura do texto?

Seriam Kafka e *A metamorfose* expressionistas e Woolf e *Mrs. Dalloway* surrealistas? Não podemos afirmar isso, já que não há base material linguística que nos aponte esse caminho. No entanto, caro leitor, não é possível ignorar que esses movimentos tão ricos foram concomitantes ao processo e ao momento de escrita de cada uma dessas obras.

Entender um pouco mais sobre o expressionismo e o surrealismo não é suficiente para explicar ou justificar as obras literárias analisadas neste capítulo, mas certamente serve como mais uma ferramenta a ser considerada em nossa leitura sobre esses textos tão ímpares – a estranheza de Kafka e a torrente de pensamentos de Woolf podem muito bem ser complementadas pelo expressionismo alemão, que primava pela representação do estranho, e pelo surrealismo, que buscava dar forma aos pensamentos.

Aqui, convém fazer um parêntese: o que estamos indicando não é uma correlação direta e obrigatória entre arte literária e arte visual, mas o fato de que as duas áreas estavam em efervescência na mesma época. Ora, se o contexto é o mesmo, talvez, e só talvez, possamos seguir a partir dele para enriquecermos a leitura do texto literário e, com efeito, nossa própria leitura de mundo. O texto literário se encerra em si mesmo, mas dialoga inequivocamente com o mundo ao seu redor, seja aquele que o gestou, seja aquele que continua a lê-lo.

Dessa forma, conforme muito bem aponta Massaud Moisés (1987, p. 25, grifo nosso) em sua *A análise literária*, "o campo da análise literária é o texto e apenas o texto, porquanto os demais aspectos literários e extraliterários (a biografia dos escritores, o contexto cultural etc.) escapam à análise e pertencem ao setor dos estudos literários [...]". Logo, esta é a nossa âncora como estudiosos da literatura: o texto escrito. Ao analisarmos a obra literária, como já ressaltamos neste livro, o que interessa é sempre a materialidade linguística. Entretanto, para podermos compreender a dimensão que a obra toma, também é necessário considerarmos o contexto de produção e outros aspectos – essencialmente, o que acontecia no momento de escrita de tais obras –, afinal, não há como dissociar o autor de seu próprio tempo.

Findas as justificativas para esse desvio pelo campo da história da arte, vamos à nossa segunda reflexão, agora evocando Gombrich e sua obra *A história da arte* no que tange ao expressionismo alemão:

> Os experimentos do Expressionismo talvez sejam os mais fáceis de explicar em palavras. Essa nomenclatura pode não ter sido uma escolha das mais felizes, pois sabemos que todos estamos nos expressando em tudo aquilo que fazemos ou deixamos por fazer, mas era uma palavra conveniente e de fácil lembrança, por seu contraste com Impressionismo – e como rótulo mostrou-se bastante útil. [...] A caricatura sempre foi expressionista, pois seu autor brinca com a aparência de sua vítima, distorcendo-a para expressar seus sentimentos acerca do outro. [...] A verdade é que nossos sentimentos a respeito das coisas produzem as cores do

modo com as vemos, e, mais ainda, as formas de que nos lembramos. Todos já devem ter percebido como o mesmo lugar pode parecer diferente quando estamos felizes ou tristes. (Gombrich, 2013, p. 436, grifo nosso)

Um caminho interpretativo para a obra de Franz Kafka passa, inevitavelmente, pela correlação com as artes visuais e o movimento conhecido na historiografia da arte como *expressionismo* – concomitante aos textos kafkianos. A mudança espacial que ocorre na obra – o quarto ora pequeno, ora grande – em muito condiz com a descrição de Gombrich (2013) a respeito de um dos ideais do movimento estético expressionista. Inegavelmente, o tempo, a cultura e a sociedade de determinado tempo influenciam as pessoas que dele fazem parte. Nesse caso, é nítida a relação entre as artes visual e literária, ainda que implicitamente. Não pretendemos dizer que Kafka foi influenciado diretamente pelas obras expressionistas ou vice-versa, de modo algum. Contudo, é preciso notar que ambas surgiram no mesmo momento histórico e na mesma sociedade, dado que, apesar de tcheco, Kafka escreveu suas obras em alemão.

Com efeito, o ponto-chave aqui não é discutir sobre vanguardas ou sobre os textos kafkianos e woolfianos, e sim compreender que tudo isso ocorreu em um mesmo momento e, de certa forma, aponta para algo maior: o modernismo, que, em essência, trouxe novas formas de representação para novas formas de ver e entender o mundo, em constante mudança e transformação – social, cultural, econômica e artística. Kafka e Woolf são, cada um à sua maneira, arautos e símbolos de um tempo único e que, conforme alguns teóricos postulam, vigora ainda hoje, cem anos depois.

## cincopontoquatro
## *Mrs. Dalloway,* um olhar geral

A marca central do texto de Virgina Woolf está, em boa medida, no campo da linguagem e da enunciação, e em *Mrs. Dalloway* isso se dá com primazia e maestria. Com um começo aparentemente simples, temos logo uma sequência vertiginosa que podemos caracterizar como uma torrente de pensamentos:

> Mrs. Dalloway disse que ela mesma iria comprar as flores.
> Afinal, Lucy tinha muito que fazer. As portas seriam tiradas das dobradiças; logo mais chegaria o pessoal da Rumpelmayer. Além disso, pensou Clarissa Dalloway, que manhã maravilhosa — tão fresca como se feita de propósito para crianças na praia.
> Que farra! Que mergulho! Sempre se sentira assim quando, com um leve rangido das dobradiças, que ainda podia ouvir, escancarava as portas envidraçadas e mergulhava ao ar livre em Bourton. Um frescor, uma tranquilidade, o ar mais parado do que agora, claro, mas era assim no início da manhã; como o quebrar de uma onda; o beijo de uma onda; frio e cortante e, contudo (para a jovem de dezoito anos que era então), solene, sentindo, em seu caso, parada na

soleira, que algo horrível estava prestes a acontecer; contemplando as flores, as árvores das quais se desprendia sinuoso o vapor, e as gralhas que remontavam, que se precipitavam; imóvel ali de pé a contemplar até ouvir a voz de Peter Walsh, "Meditando entre as verduras?" — terá sido isso? —, "Eu prefiro as pessoas às couves" — foi isso mesmo? Ele deve ter dito isso no café da manhã, numa ocasião em que ela saíra para o terraço — Peter Walsh. Estava para chegar da Índia um dia desses, em junho ou julho, nem se lembrava mais; as cartas dele eram terrivelmente maçantes; só se salvavam suas tiradas; seus olhos, seu canivete, seu sorriso, sua rabugice e, enquanto milhões de coisas haviam desaparecido para sempre — que curioso isso! —, algumas tiradas, como aquela a respeito de couves. (Woolf, 2017, p. 24)

Vamos por partes. Primeiramente, o texto se inicia com uma frase simples, com um foco narrativo em terceira pessoa que direciona seu olhar para a personagem, a protagonista Clarissa Dalloway. Após a frase inaugural, entramos diretamente nos pensamentos dessa mulher, cuja idade ainda não sabemos exatamente – mais que 18, certamente – e que começa a saltar de pensamento em pensamento, tal qual nós, seres humanos, de fato pensamos.

> ### Importante!
>
> A esse respeito, um adendo: como sabemos, nosso pensamento não é linear, ao contrário da maioria dos textos escritos, que se orientam a partir da estrutura clássica introdução/desenvolvimento/

> conclusão. A mente humana trabalha de modo caótico e frenético, sem uma direção constante, por vezes indo a lugares específicos, em outras recobrando uma memória antiga ou, ainda, relembrando uma piada sem graça. Esse é o caso que o narrador woolfiano apresenta com a técnica chamada *stream of consciousness* (fluxo de consciência). A emulação de um pensamento humano, caótico e em frenesi, é a marca central do texto de Woolf e, em boa parte do texto, podemos acompanhar de perto o que pensa Clarissa Dalloway.

Além desse aspecto, a autora faz uma vívida representação de cores, sons e cheiros, quase como se pudéssemos transformar um quadro de alguma vanguarda europeia do começo do século passado, época de publicação da obra, em texto literário. Observemos o trecho a seguir, em que isso se evidencia:

> E, por toda parte, embora ainda tão cedo, havia uma pulsação, um alvoroço de cavalos a galope, batidas de bastões de críquete; Lord's, Ascot, Ranelagh e todo o resto; envoltos na trama suave do ar matinal azul-acinzentado que, no correr do dia, ao se afrouxar, acolheria em prados e picadeiros os pôneis irrequietos, cujas patas dianteiras mal tocavam o chão e já saltavam, os jovens rodopiantes e as moças sorridentes em diáfanas musselinas que, mesmo depois de dançarem a noite toda, agora levavam para passear seus cães ridiculamente peludos [...]. (Woolf, 2017, p. 25)

A ênfase na luminosidade chama a atenção: o ar azul-acinzentado, as roupas dos jovens em musselina (tecido muito leve e transparente) e, ainda por cima, adjetivadas com o termo *diáfanas*, isto é, transparentes – a reiteração da imagem de um tecido leve e por debaixo do qual se enxerga o corpo. Há também as ideias de movimento (cavalos a galope) e de som (batidas dos bastões) e, até mesmo, espaço para um comentário sobre o pelo dos cachorros ao final da passagem. Ora, o que podemos inferir dessas características que aqui percebemos? Uma intenção autoral de capturar a realidade para além de uma descrição objetiva e concreta.

Caro leitor, temos aqui a sinalização para uma subjetividade que transborda para além das cenas, com um excesso sensorial que revela uma realidade mais viva e vívida do que a que experenciamos no mundo concreto e imediato. Clarissa, ao buscar ela mesma as flores, está, ao que tudo indica, de bom humor: "era bem isso o que ela amava; a vida; Londres; esse momento de junho" (Woolf, 2017, p. 24), o que fica claro ao lermos as descrições dos espaços e os pensamentos que a acompanham enquanto ruma para a loja de flores.

Isso reforça que diante de nós está uma personagem profundamente humana. Se Gregor Samsa é desumanizado, Clarissa Dalloway é terrivelmente humana, como nós, e podemos acompanhar toda essa humanidade na sequência das páginas. A senhora Dalloway é dotada de ambivalências, temores, vontades e arrependimentos. Sobre isso, leia a seguinte passagem:

> Ela se sentia muito jovem; ao mesmo tempo, inconcebivelmente velha. Passava por tudo como uma faca afiada; ao mesmo tempo, ficava de fora, contemplando. Tinha uma sensação permanente,

olhando os táxis, de estar longe, longe, bem longe no mar e sozinha; sempre era invadida por essa sensação de que era muito, muito perigoso viver, ainda que por um dia. Não que se considerasse muito inteligente ou excepcional. Não conseguia imaginar como enfrentara a vida com aqueles fiapos de conhecimento incutidos pela Fraulein Daniels. Não sabia nada; nada de outras línguas, nada de história; e agora raramente lia, a não ser memórias, quando se deitava antes de dormir; todavia, para ela, tudo isso era absolutamente absorvente; tudo ao redor; os táxis que passavam; e nunca mais diria de Peter, nem de si mesma, sou isto ou sou aquilo. (Woolf, 2017, p. 29)

Que trecho cruel! A dúvida quanto a si mesmo é algo inerentemente humano. Esse momento, curto porém sincero e doloroso, revela o que Clarissa pensa, em alguma medida, sobre si. Essa revisão crítica – "raramente lia" – denota uma personagem que, mesmo animada e cheia de vida, é acometida por pensamentos ruins.

E como isso nos impacta, como estudiosos da literatura? Trata-se da compreensão de que o texto de Virginia Woolf aponta em suas linhas para personagens dotados de uma humanidade plena, embora sejam meramente seres de ficção. De uma maneira própria, o texto toca em questões muito maiores do que ele mesmo. A humanidade com suas falhas e qualidades é expressa, nua e crua, mediante uma chuva de pensamentos que encharca a todos nós com sua verborragia.

cincopontocinco
# A escrita de Virginia Woolf: características gerais

Se o texto de Kafka tem um quê de parábola, uma história que versa sobre muitas coisas de modo simples e extremamente simbólico, o de Woolf é profusamente carregado de sentidos e conta com um turbilhão de palavras capazes de tirar o fôlego de quem o lê, já que *Mrs. Dalloway* narra todo um dia na vida da personagem homônima ao título. A obra tem uma trama essencialmente simples, mas recheada de complexidades, por conta de sua central característica, o uso do fluxo de consciência, que avassala a nós, leitores, por meio da descrição de pensamentos, sofrimentos e sentimentos dos vários personagens que passam pela narrativa enquanto acompanhamos o trajeto da protagonista pelas ruas de Londres.

Em essência, a trama é simples: Clarissa Dalloway dará uma festa no fim do dia e decide sair ela mesma comprar as flores que faltam. Ao longo de sua ida à floricultura, conhecemos outros personagens enquanto acontecimentos banais e citadinos ocorrem: a rainha passa de carro pela rua em que a personagem está e isso causa uma comoção pública; ainda, Clarissa cruza com um personagem importante para o livro, Septimus Warren Smith – que está em sofrimento em razão de um trauma por ter participado da Primeira Grande Guerra e em dado momento se mata.

Há dois grandes movimentos na obra: primeiro, a caminhada de Clarissa pelas ruas e praças de Londres para a organização de sua festa; segundo, depois de visitar Clarissa, Peter Walsh, seu antigo namorado, regressa ao hotel em que estava a fim de se arrumar para a festa, e podemos acompanhá-lo pelo trajeto. Ao final, a trama se encerra com a festa. Contudo, para além desse enredo que nos apresenta um mosaico de vidas e de personagens, algumas características nos chamam a atenção. Vejamos quais são elas nos próximos tópicos.

### 5.5.1 Um narrador osmótico

Apesar de iniciarmos a leitura da obra acompanhando os pensamentos, entrecortados pelas ações, de Clarissa Dalloway, por vezes eles "escapam" e acabam se colando a outros personagens que por ela passam enquanto caminha pelas ruas de Londres, o que poderíamos caracterizar quase como um processo de osmose. Observemos como isso ocorre, logo depois de ela chegar à loja de flores e ser assustada por um barulho na rua:

> "Vamos", disse Lucrezia.
> Mas o marido, pois estavam casados havia quatro, cinco anos, estremeceu, sobressaltado, e disse: "Está bem!" com raiva, como se ela o tivesse interrompido.
> Os outros deviam se dar conta; deviam notar. Aquelas pessoas, pensou ela, olhando para a multidão que contemplava o automóvel; os ingleses, com seus filhos e cavalos e roupas, que de certo modo ela admirava; mas agora eram "as pessoas", pois Septimus havia dito: "Vou me matar", e isso era algo horrível de se dizer. E se tivessem ouvido? [...]. (Woolf, 2017, p. 36)

Acompanhávamos Clarissa, mas, de repente, estamos diante dos pensamentos de Lucrezia, esposa de Septimus. Essa plasticidade do narrador confere ao texto de Woolf uma inequívoca fluidez, permitindo a nós, leitores, praticamente mergulhar na psique dos personagens secundários. Tal marca textual faz com que a obra seja profunda e complexa, visto que nos revela o íntimo de vários personagens, sem necessariamente precisar de muito espaço de texto para isso. Tudo ocorre graças ao fluxo de consciência, estilo de escrita sublime que garante ao texto a capacidade de apresentar uma densidade e unicidade características.

Vejamos como a cena se desenvolve, agora acessando o pensamento de outros personagens. Primeiro, sob o olhar do marido de Lucrezia: "'O que você disse?', indagou de súbito Rezia, sentando-se a seu lado. Interrompido de novo! Ela sempre o interrompia" (Woolf, 2017, p. 46); depois, sob o olhar de uma transeunte, que passava justamente quando o casal começou a discutir na rua:

> Para que lado é a estação de metrô de Regent's Park? — Maisie Johnson queria saber se podiam lhe indicar o caminho até a estação de metrô de Regent's Park. Ela chegara de Edimburgo apenas dois dias antes.
> 
> "Não por este lado — é por lá!", exclamou Rezia, dispensando-a com um gesto brusco, para que não reparasse em Septimus.
> 
> Que estranhos esses dois, pensou Maisie Johnson. Tudo parecia muito estranho. Pela primeira vez em Londres, onde viera trabalhar com o tio em Leadenhall Street, e agora de manhã

atravessando a pé o Regent's Park, esse casal nas cadeiras a sobressaltou: *a moça devia ser estrangeira* [...]. (Woolf, 2017, p. 47, grifo nosso)

Ora, a mudança de foco narrativo é explícita. Se antes acompanhávamos Lucrezia, agora, de um parágrafo para outro, passamos a seguir o olhar de Maisie. Dessa maneira, esse narrador woolfiano oferece uma perspectiva única pela qual podemos nós, leitores, adentrar o âmago de personagens secundários de modo direto e rápido.

Assim, essa característica nos permite interpretar que os personagens fazem parte de uma trama maior, em que a cidade de Londres é, de certa forma, também um personagem.

## 5.5.2 Sujeitos solitários em uma metrópole lotada

Virginia Woolf revela vários personagens e seus pensamentos ao longo de *Mrs. Dalloway*. Ao nos depararmos com essas variadas *personas* evocadas ao longo das páginas, orbitando a narrativa centralizada em Clarissa Dalloway, uma característica comum nos salta aos olhos: a profunda solidão. Observemos o que se passa na mente de Lucrezia, logo quando temos contato com seus pensamentos:

> E ele não iria se matar; e ela não podia falar disso com ninguém. "Septimus está trabalhando muito" — é só o que contava para sua mãe. Amar nos faz solitários, pensou ela. Não podia conversar sobre isso com ninguém, e agora nem sequer com Septimus,

> e olhando para trás, ela o viu sentado, com o casaco surrado, sozinho no banco, curvando para frente, o olhar fixo. [...] Era ela quem mais sofria — mas não tinha ninguém com quem falar. (Woolf, 2017, p. 44)

É bem óbvio que a personagem se sente solitária, afinal, ela verbaliza isso diretamente. No entanto, chama a atenção o modo como essa mesma solitude está imiscuída, misturada, mesclada em meio a uma cidade repleta de sujeitos também solitários, convivas dessa solidão avassaladora e generalizada que é marca representativa do modernismo de que *Mrs. Dalloway* faz parte. Vejamos como essa antítese transparece no seguinte excerto:

> A aglomeração era surpreendente àquela hora. Lord's, Ascot, Hurlingham, o que seria?, perguntou-se, contemplando a rua congestionada. As classes médias britânicas, acomodadas lado a lado no topo dos ônibus com embrulhos e sombrinhas, sim, até com casacos de pele num dia como este, eram, refletiu, mais ridículas, mais bizarras do que qualquer outra coisa concebível; e a própria rainha bloqueada; a própria rainha sem conseguir passar. [...]
> O automóvel havia desaparecido, mas provocara uma leve ondulação que se espraiou pelas lojas de luvas e chapéus e alfaiatarias em ambos os lados da Bond Street. Durante trinta segundos todas as cabeças se inclinaram na mesma direção — para as vitrines. Enquanto escolhiam um par de luvas — o que ficava melhor, até o

cotovelo ou acima dele, verde-limão ou cinza-claro? —, as damas fizeram uma pausa; quando a frase foi concluída, algo havia acontecido. Algo tão singularmente tênue que nenhum instrumento matemático, ainda que pudesse captar tremores na China, conseguiria registrar sua vibração; entretanto, tão formidável em sua plenitude e tão emocionante em seu apelo generalizado; pois em todas as chapelarias e alfaiatarias, estranhos se entreolharam e se lembraram dos mortos; da bandeira; do Império. (Woolf, 2017, p. 39-40, grifo nosso)

Destacamos aqui a frivolidade da protagonista em meio à simbologia da massa, da turba, do grupo: ora, perante a comoção geral com a passagem do carro da rainha, Clarissa, uma aristocrata, julga a classe média enquanto decide a cor das luvas que utilizará na festa ao final do dia.

A sutileza do texto de Woolf em apontar para esse ser profundamente solitário e que, diante de tal momento, não se deixa levar, permanecendo assim (e reforçando) em sua solidão, é um tipo de crítica social e, ao mesmo tempo, uma leitura de seu próprio contexto.

*Mrs. Dalloway* é, a sua maneira, uma espécie de retrato de seu próprio tempo, os anos 192X, mas ainda ecoa e reverbera questões também pertinentes para nós, nos anos 202X. Talvez por isso ainda mantenha o *status* de texto canônico da literatura ocidental, sendo um dos grandes clássicos do último século.

## Síntese

De certo modo, tanto *A metamorfose* quanto *Mrs. Dalloway*, a despeito de fazerem parte de um mesmo movimento estético – o modernismo –, versam sobre questões humanas pungentes e extremamente enraizadas em nossa sociedade: trabalho, solidão, relacionamentos, cidades, pessoas e suas complexidades.

Neste capítulo, analisamos como isso se dá no texto kafkiano, à luz do absurdo e da estranheza – Gregor é ou não um inseto metafórico? Por sua vez, no texto woolfiano, vimos que a verborragia e um profundo estilo que une uma tormenta de pensamentos mesclada com ações cotidianas dão o tom de uma sociedade entre as Grandes Guerras, fortemente marcada pelo impacto cultural dos movimentos de vanguarda, mas, ao mesmo tempo, demasiadamente humanizada e atemporal.

## Indicações culturais

Como apresentamos no começo deste capítulo, a leitura de *A jornada do escritor*, de Christopher Vogler, é muito importante. No livro, o autor – um dos roteiristas do filme *O Rei Leão* – esmiúça caminhos narrativos para a construção clássica de histórias seguindo a lógica que contempla apresentação, complicação, clímax e desfecho. Além disso, Vogler apresenta várias possibilidades por meio de exemplos práticos de filmes e livros recentes.

VOGLER, C. *A jornada do escritor*: estrutura mítica para escritores. São Paulo: Aleph, 2015.

> Para conhecer visualmente a estética de Kafka, o filme *O castelo* (1997), do diretor Michael Haneke, é uma ótima forma de introdução. Na obra está presente muito do que estudamos neste capítulo sobre *A metamorfose*. Trata-se de uma importante referência para você completar seus estudos e leituras.
>
> O CASTELO. Direção: Michael Haneke. Áustria: BFI, 1997. 123 min.
>
> Sobre as vanguardas europeias, recomendamos o texto *Tudo sobre arte*, de Stephen Farthing. Nesse incrível livro, vários movimentos artísticos são explicados por meio de imagens e reflexões preciosas. A leitura não apenas complementa a análise das obras enfocadas neste capítulo, como também acrescenta um olhar enriquecido e aprofundado para o momento em que viviam seus autores.
>
> FARTHING, S. Tudo sobre arte. Rio de Janeiro: Sextante, 2018.

## Atividades de autoavaliação

1. Sobre *A metamorfose*, avalie as assertivas a seguir e indique V para as verdadeiras e F para as falsas.
   - ( ) A obra trata da vida e morte de Gregor Samsa, caixeiro-viajante que se aposentou logo jovem.
   - ( ) As relações familiares são uma das várias características centrais do texto.
   - ( ) As relações trabalhistas são uma faceta mínima da obra, não podendo ser analisadas em razão de sua pouca relevância.

( ) A obra já inicia pelo clímax e não revela ao leitor os motivos da transformação de Gregor.

( ) O inseto em que Gregor se transforma pode ser entendido tanto no sentido literal quanto no metafórico, dada a natureza de parábola que o texto tem.

A seguir, assinale a alternativa que apresenta a sequência obtida:

a. F, F, F, V, V.
b. F, V, V, F, F.
c. V, F, V, F, F.
d. F, V, F, V, V.
e. V, V, F, V, V.

2. A obra de Franz Kafka pode ser vista como um marco para a literatura ocidental, uma vez que:

a. tem uma estrutura inovadora, que começa pelo final e narra os acontecimentos por meio de *flashbacks*.
b. apresenta uma estrutura inovadora, em que o absurdo é naturalizado logo na primeira frase, adquirindo, assim, um tom de parábola, pois permite tanto uma leitura simbólica quanto uma leitura literal.
c. foi criada em uma época propícia ao surgimento de grandes marcos da literatura: a época de ouro do século XX, antes das Grandes Guerras.
d. em nada remete a assuntos de seu tempo, inaugurando o chamado *nonsense* literário.
e. foi muito bem recebida pela crítica, o que é o suficiente para criar grandes clássicos da literatura.

3. Quanto à relação entre *Mrs. Dalloway* e *A metamorfose*, indique a alternativa correta:
   a. Foram prontamente reconhecidas como obras de vanguarda literária logo depois de terem sido publicadas.
   b. São marcos de um realismo decadentista europeu pré-Segunda Guerra Mundial.
   c. Refletem sobre o valor da humanidade, apesar das situações de crise e dos contextos de guerra.
   d. São um retrato literal do chamado *cidadão do mundo*.
   e. Apontam para o advento da modernidade, embora não necessariamente tenham sido imediatamente reconhecidas como sucessos de crítica e público.

4. Acerca da obra *Mrs. Dalloway*, de Virginia Woolf, marque a alternativa incorreta:
   a. É um texto de vanguarda estética e literária, sintetizando a ideia de modernidade.
   b. É um texto verborrágico e apresenta o que se denomina *fluxo de consciência*.
   c. Permite ao leitor adentrar o pensamento direto de personagens, mesmo que secundários.
   d. Tem uma dimensão que está apenas circunspecta ao campo linguístico-semântico, sem se aprofundar muito em outras questões.
   e. Tem uma dimensão que abrange muitas instâncias diferentes, em virtude de seu caráter vanguardista.

5. Sobre o aspecto da solidão em *Mrs. Dalloway*, indique a alternativa correta:
   a. Vários personagens demonstram serem solitários, mesmo cercados de outras pessoas ou estando em relacionamentos, fato que, na realidade, evoca um sentimento de solidão decorrente da metrópole e da modernidade.
   b. É o tema central da obra, já que Clarissa Dalloway só vai ela mesma ao centro comprar flores por estar se sentindo solitária.
   c. É um elemento inovador e vanguardista, visto que até então não tinha sido abordado em obras de literatura.
   d. Poucos personagens demonstram serem solitários, embora cercados por outras pessoas ou estando em relacionamentos, fato que, na realidade, não evoca um sentimento de solidão decorrente da metrópole e da modernidade.
   e. Na realidade, não há ideia de solidão, pelo contrário: todos os personagens representam modelos de integrantes de uma sociedade funcional e altamente organizada.

## Atividades de aprendizagem

### Questões para reflexão

O ponto-chave para entendermos tanto Virginia Woolf quanto Franz Kafka não está em suas obras e seus contextos específicos, mas no olhar que lançamos sobre a própria sociedade ocidental moderna, profundamente marcada por complexas relações trabalhistas e sociais, derivadas da vida urbana em meio às multidões. De modo grosseiro, essa é uma das facetas das obras modernistas, mas que o próprio movimento – como fenômeno cultural e estético – ultrapassa. Nessa perspectiva, diante das obras e das várias reflexões que podem serem feitas, nosso convite à reflexão recupera um exercício de alteridade.

1. Cem anos após a publicação de *A metamorfose*, podemos ainda compreender as relações de Gregor Samsa com o trabalho? As relações frívolas de Clarissa Dalloway com o mundo (lotado de pessoas) que a rodeia ainda podem ser totalmente entendidas?

2. Tendo em vista os questionamentos anteriores, para os quais não há uma resposta simples ou óbvia, reflita: Ainda vivemos a essência do mesmo momento cultural que esses personagens e autores viveram há um século?

## Atividade aplicada: prática

1. Procure perceber outras possíveis leituras para além das propostas neste capítulo. Lembre-se de que o trabalho de leitor crítico demanda uma leitura independente daquelas já existentes, em que o indivíduo – como ser único dotado de conhecimentos e saberes prévios – pode formular, a partir de sua própria experiência e visão de mundo, uma perspectiva crítica não só do texto como daquilo que se pensa dele. Porém, atente para a necessidade de fazer interpretações que possam ser justificadas por meio da materialidade linguística, ou seja, daquilo que de fato foi escrito pelo autor, e não do que você pensa que ele escreveu. Com base em sua percepção, elabore um mapa mental com suas observações.

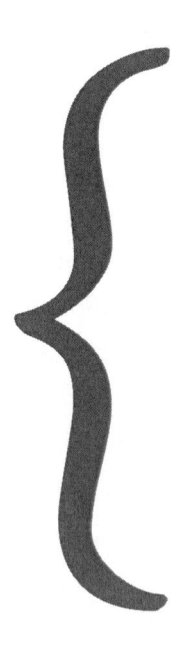

{

um   a literatura, a sociedade, o texto clássico e o leitor
dois   *Odisseia* e *Decamerão*
três   *Fausto* e *Madame Bovary*: ambição e engano
quatro   *Os assassinatos na Rue Morgue* e *Memórias póstumas de Brás Cubas*: metaliteratura e jogos com os leitores
cinco   *A metamorfose* e *Mrs. Dalloway*: indivíduos profundamente complexos em suas solidões
seis   os clássicos hoje

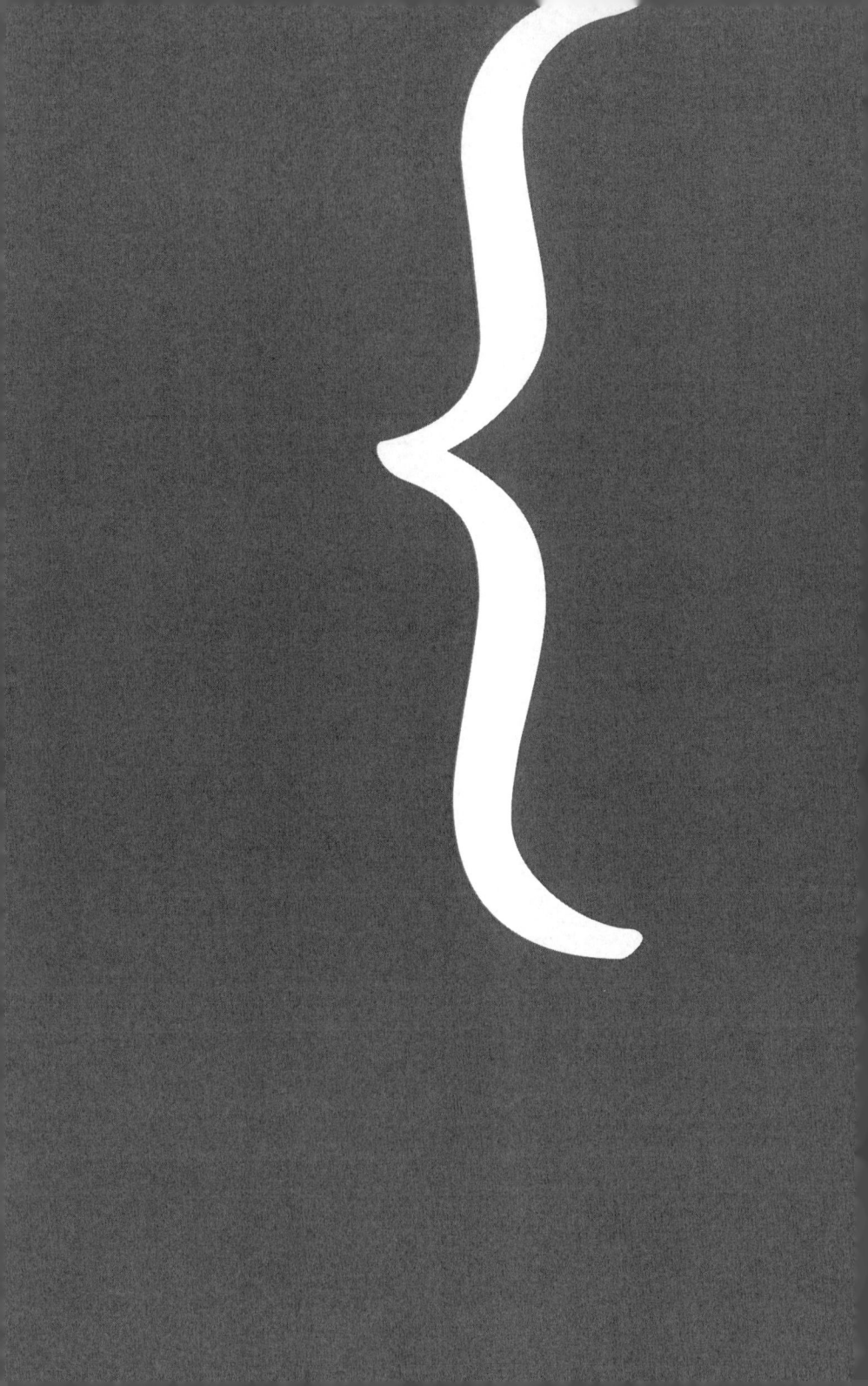

❰ NESTE ÚLTIMO CAPÍTULO, retomaremos a discussão metaliterária sobre os textos clássicos iniciada no Capítulo 1. Aqui, abriremos o leque analítico e apresentaremos questões que ultrapassam o âmbito do cânone e dialogam com outra área de primordial interesse para todos que se interessam pelo estudo da literatura: a leitura literária.

Sob essa perspectiva, evocaremos a grande escritora brasileira Ana Maria Machado, para pensar nas questões que desdobram a leitura e a análise dos textos clássicos e se voltam ao ensino e ao incentivo à leitura, no âmbito da formação de leitores literários.

seispontoum
# Uma obra clássica extravasa limites

Ao longo de nossa abordagem, discutimos o que faz um livro clássico ser, de fato, clássico. A intenção de nosso recorte foi sobretudo demonstrar a você, leitor, como a literatura clássica ainda se conecta com o mundo atual e com a experiência humana de maneira ampla e atemporal. Porém, a discussão não para aí. A análise da literatura é, por natureza, inconclusiva e se faz por meio da junção de pequenas peças, indícios e pistas, em um quebra-cabeça que não tem cantos, pois ele é infinito.

Para pessoas de personalidade mais pragmática e objetiva, essa constatação pode ser frustrante. Contudo, para quem se motiva pela investigação e pela descoberta de novos caminhos e abordagens, os estudos literários são um campo instigante e ilimitado. Tanto é assim que, mesmo após séculos e milênios, continuamos com o leque aberto para novas abordagens, leituras e interpretações de textos clássicos e amplamente conhecidos.

Perdoe-nos, caro leitor, mas neste último capítulo não amarraremos pontas, tampouco faremos conclusões ou um fechamento. Pelo contrário, traremos novos questionamentos, expandiremos o escopo de pesquisa e proporemos outras possibilidades. Enfim, nosso propósito aqui é fomentar questões que abrem espaço para outras que, por sua vez, extrapolam o escopo deste livro, mas que estão intimamente conectadas a ele.

Para começarmos, destacaremos alguns trechos da obra *Como e por que ler os clássicos universais desde cedo*, de uma grande escritora brasileira, que domina a área da literatura infantojuvenil, Ana Maria Machado. Já no início de seu livro, ela faz questão de evocar quatro afirmações que considera fundamentais para a discussão do cânone literário. Cada uma delas será reproduzida e comentada na sequência.

A primeira é esta:

1. "Ninguém tem que ser obrigado a ler nada. Ler é um direito de cada cidadão, não um dever. É alimento do espírito. Igualzinho a comida. Todo mundo precisa, todo mundo deve ter a sua disposição – de boa qualidade, variada, em quantidades que saciem a fome. Mas é um absurdo impingir um prato cheio pela goela abaixo de qualquer pessoa. Mesmo que se ache que o que enche aquele prato é a iguaria mais deliciosa do mundo" (Machado, 2002, p. 15).

O recorte da escritora se refere à abordagem do cânone com crianças e adolescentes. Portanto, ela é bastante enfática quanto à importância da leitura literária na escola. Sua primeira assertiva diz respeito à leitura por obrigação. Como afirmou o escritor francês Daniel Pennac (1992, p. 13, tradução nossa) no primeiro capítulo de *Comme um roman* (traduzido para o português como *Como um romance*), "O verbo 'ler' não aceita o imperativo. Aversão compartilhada com alguns outros: o verbo 'amar'...

o verbo 'sonhar'..."*. Naturalmente, tal afirmação é de cunho poético e não gramatical, uma vez que todos são verbos que se conjugam no modo imperativo. Entretanto, a questão posta tanto por Pennac quanto por Machado é que obrigar alguém a ler age muito mais como desserviço ao incentivo à leitura do que como estímulo, pois acaba representando uma violência contra o leitor subjugado por tal dever.

Além disso, o ato de obrigar alguém a ler, estudante ou não, significa assumir uma postura autoritária de impingir ao outro aquilo que nós consideramos bom e adequado para ele, sem que isso seja necessariamente verdade. Gostar de ler também passa pela liberdade de escolha quanto às leituras (o que ler e o que não ler, inclusive) e, nesse caso, a obrigatoriedade cria um obstáculo a mais.

Então, como estimular alguém a ler sem ser taxativo? Essa discussão é rica e, no Brasil, diversos pesquisadores renomados estudam e fazem propostas sobre o assunto. Nosso papel aqui é fomentar o gérmen da provocação, por isso não nos aprofundaremos nessa temática. Todavia, caso você se sinta motivado e instigado a pesquisar sobre o incentivo à leitura e seu viés, a formação de leitores e/ou outros temas conectados a isso, sugerimos que você busque o pensamento de Eliana Yunes, Marisa Lajolo, Marta Morais da Costa e Regina Zilberman, para citar apenas alguns nomes.

---

* No original: "Le verbe lire ne suporte pas l'impératif. Aversion qu'il partage avec quelques autres: le verbe 'aimer'... le verbe 'rêver'...".

## seispontodois
# Um clássico é atemporal e humano

Consideremos agora a segunda afirmação de Ana Maria Machado sobre o debate em torno do cânone literário:

II. "Clássico não é livro antigo e fora de moda. É livro eterno que não sai de moda" (Machado, 2002, p. 15).

Os clássicos da literatura mundial estão distantes temporalmente de nós. Eles são, em certa medida, livros antigos. O texto mais recente que abordamos em nossa análise tem aproximadamente cem anos de existência. *Madame Bovary*, por exemplo, foi publicado há 160 anos; o realismo, do qual a obra foi o marco inicial, já não é novidade há muito tempo e seu apogeu ficou no século XIX. As roupas que Emma usava, os livros que lia e, até mesmo, seu papel na sociedade e na família não fazem mais parte da realidade do século XXI. Então, como esse romance ainda segue relevante e transcende o *status* de artefato histórico cheio de pó e de teias de aranha?

À exceção daqueles que vertem ao chão para o santo o primeiro gole de cachaça ou de outra bebida, é pouco provável que identifiquemos as libações descritas na *Odisseia* com costumes do cotidiano atual. Carruagens e cocheiros, emplastros, caixeiros-viajantes, nada disso faz parte de nossa vida hoje, pelo simples motivo de que os tempos são outros, e a tecnologia, as profissões e os modos de vida também – muitas vezes, são completamente diferentes.

De fato, os clássicos são textos antigos, com centenas e até mesmo milênios de idade, mas, mesmo assim, são atuais. Não são nem recentes nem novos, contudo carregam em si uma atemporalidade tão intensa que se comunicam com a experiência de vida contemporânea. Essa é uma constante em todos os livros aqui analisados. Todos tratam de aspectos profundos e perenes da experiência humana de tal modo que, embora seus contextos de produção estejam distantes de nós, ainda somos capazes de entender seus personagens em suas dores, ansiedades, esperanças, comportamentos e pensamentos. São narrativas que pulsam com a matéria da constituição humana, que abordam questões que reconhecemos e sentimos.

A tecnologia evoluiu, os costumes sociais se alteraram, novas profissões surgiram, classes sociais eclodiram e a moda mudou drasticamente, mas os sentimentos e as emoções que nos perturbam, tiram nosso sono ou nos fazem sonhar e ter esperança, não. A literatura trata do humano e de questões que são absolutamente humanas. Enquanto conseguirmos nos conectar com textos de épocas anteriores, porque eles representam a nós mesmos, poderemos chamá-los de *clássicos*.

Nesse sentido, seria possível nomear clássicos contemporâneos? Recém-escritos e recém-lançados? É difícil dizer. Um clássico é capaz de passar pela prova do tempo e se mostrar atemporal – este livro que está diante de você, leitor, é a prova, dada a análise de oito obras com essas características. Não somos capazes de ter esse distanciamento de produções que foram lançadas há pouco – ou, no vulgo, cujos autores ainda estão vivos.

Por exemplo, a septologia *Harry Potter* pode ser chamada de *clássica*? Ela fez um sucesso gigantesco, foi responsável pela formação de milhares de leitores e movimentou generosamente o mercado editorial. De fato, os livros do jovem bruxo têm muitos elementos que apontam para isso, porém talvez seja ainda cedo demais identificá-los como clássicos. É necessário ter alguma distância temporal para perceber se os textos seguirão se comunicando com leitores futuros, isto é, aqueles que não viveram a efusividade dos lançamentos dos livros e dos filmes.

Quando Ana Maria Machado afirma que textos clássicos não saem de moda, ela fala justamente sobre a característica atemporal das obras e sobre o fato de elas resistirem e permanecerem influenciando os seres humanos em suas vidas e em suas produções culturais. É interessante notar que a segunda afirmação da autora ecoa aquilo que discutimos no primeiro capítulo, com os 14 motivos elencados por Calvino. Perceba, leitor, que certas características e noções coincidem.

## seispontotrês
## O verbo *ler* não aceita imperativo, lembra?

A seguir, evocamos a terceira afirmação de Ana Maria Machado acerca do cânone literário:

III. "Tentar criar gosto pela leitura, nos outros, por meio de um sistema de forçar a ler só para fazer prova? É uma maneira infalível de inocular o horror a livro em qualquer um" (Machado, 2002, p. 15).

Retornamos à questão do incentivo à literatura. Neste ponto, é preciso dizer que a maneira como a escola tradicional lida com o ensino de literatura é, em grande medida, problemática e insuficiente para formar leitores. Tradicionalmente, o estudo da literatura é relegado às aulas de Língua Portuguesa (o que acaba excluindo o trabalho com literaturas de outras línguas), e a abordagem ainda hoje é majoritariamente historiográfica, de modo que muitos de nós tivemos contato com literatura exclusivamente no ensino médio e pelo viés cronológico. Além disso, nessa abordagem, o texto literário – leitura, interpretação e análise – é deixado em segundo plano, pois se privilegia o estudo de características estilísticas dos autores no âmbito de movimentos estético-literários.

Em outras palavras, é mais frequente sair do ensino básico sabendo que Machado de Assis era realista e trabalhava com ironia do que ser capaz de identificar tais traços nos textos desse autor. Você pode argumentar, caro leitor, que com a nova Base Nacional Comum Curricular (BNCC) as coisas mudarão, e o enfoque passará a residir no texto. Entretanto, se você ler esse documento com atenção e cotejá-lo com os referenciais e parâmetros curriculares produzidos pelas Secretarias Estaduais de Educação, perceberá que não consta nada que garanta essa mudança. Cabe, como normalmente acontece, ao interesse individual do professor e à direção da escola escolher uma nova abordagem.

Note que não estamos demonizando o ensino da historiografia literária. Aliás, nós acreditamos que os textos devem ser analisados levando-se em consideração seus contextos de produção – falamos sobre isso em boa parte deste livro. Dito isso, perdoe-nos a audácia de citarmos a nós mesmos, mas abordamos essas questões mais profundamente em nosso livro *Literatura, teoria e crítica: um olhar sobre a historiografia e o cânone literários* (publicado em 2022 pela Editora InterSaberes). A questão que levantamos aqui é que raramente alguém se torna leitor literário por ter estudado apenas a história da literatura. Indo além e evocando Elizabeth D'Angelo Serra (1990, p. 49), destacamos que

> o leitor em potencial é único e, por isso, só pode ser formado um a um. Não se formam leitores em série. E só um leitor forma um leitor. Ler no livro o texto literário para o outro, criança, jovem ou adulto, partilhando a emoção de cada palavra, através da voz e do movimento, desperta o interesse pela leitura e demonstra afeto e atenção, explicitando a forte relação entre literatura e emoção, entre um leitor e outro leitor.

Ou seja, formar leitores não é sinônimo de ensinar história da literatura. São coisas complementares, mas não iguais.

### Indicações culturais

Sem nos prolongarmos na discussão, indicamos a leitura de dois textos fundamentais de Rildo Cosson sobre o trabalho com literatura em sala de aula: *Letramento literário: teoria e prática* e *Círculos de leitura e letramento literário*. Também recomendamos a leitura da obra *Por que estudar literatura?*, de Vincent Jouve.

> COSSON, R. Círculos de leitura e letramento literário. São Paulo: Contexto, 2014.
>
> COSSON, R. Letramento literário: teoria e prática São Paulo: Contexto, 2014.
>
> JOUVE, V. Por que estudar literatura? São Paulo: Parábola, 2012.

### seispontoquatro
# Os clássicos são para todos

Por fim, vejamos a última afirmação de Ana Maria Machado sobre o cânone literário:

IV. "O primeiro contato com um clássico, na infância e adolescência, não precisa ser com o original. O ideal mesmo é uma adaptação bem-feita e atraente" (Machado, 2002, p. 15)

Sendo sinceros com você, leitor, essa é uma questão espinhosa para nós mesmos. Em todos os outros casos levantados por Ana Maria Machado, nossa opinião já estava bem formada. Porém, quando o assunto são adaptações, podemos dizer que ficamos "em cima do muro".

As adaptações foram importantes em nossa formação leitora. O primeiro contato que nós, os autores, tivemos com a *Odisseia* foi por meio de adaptações, na infância. Vinícius se lembra de ter lido uma adaptação em livro, enquanto esperava o atendimento no dentista; Anna se lembra vivamente de ter assistido a uma adaptação em desenho animado, narrada por Ruth Rocha, na TV Futura. Para nós dois, a história era tão boa e envolvente que, mesmo anos depois, ainda nos lembramos da experiência e, ao lermos o texto para as aulas da graduação de Letras, foi como reencontrar velhos amigos.

Em nossa trajetória leitora, muitos livros clássicos passaram a fazer parte de nosso reportório via adaptação. *A rainha Margot*, de Alexandre Dumas, *Os miseráveis*, de Victor Hugo, *O fantasma de Canterville*, de Oscar Wilde, as traduções de Shakespeare que transformavam os versos originais em prosa... para citar apenas alguns textos escritos. Outras tantas obras se tornaram conhecidas graças a filmes, séries, novelas de televisão ou histórias em quadrinhos. As *Duas viagens ao Brasil*, de Hans Staden, só chegaram ao nosso conhecimento por meio do reconto de Monteiro Lobato.

Talvez você esteja se perguntando como nós, autores, que tanto travamos contato com os clássicos graças às adaptações, temos a "cara de pau" de afirmar que estamos "em cima do muro". A questão é que depende muito do que se deseja obter com essa leitura. Ana Maria Machado enfatiza a necessidade de serem *boas* adaptações. Essa é a primeira questão.

Atualmente, há no Brasil um mercado editorial em plena efervescência voltado à infância. A oferta de títulos é grande, e são muitas as produções de qualidade ímpar. No entanto, também há a oferta de textos produzidos apenas com a preocupação mercadológica. Nesse aspecto, as adaptações se apresentam em grande medida não somente pelo fato de serem famosas e de qualidade reconhecida, mas também por uma questão de direitos autorais, sendo que existem à disposição diversas versões de um mesmo texto clássico. Assim, é fundamental que haja um trabalho de curadoria por parte do mediador de leitura, do professor e também dos pais, para garantir que a adaptação seja de qualidade.

Outro ponto a ser considerado é que as adaptações normalmente são feitas a partir da abordagem do enredo. Em outras palavras, a história contada é o elemento que tem maior importância, dando-se atenção ao eixo central e, muitas vezes, ignorando-se narrativas secundárias; outros aspectos essenciais para a fruição literária, como o estilo, acabam sendo negligenciados. Ora, se a intenção é dar a conhecer a história, não há problema, mas a abordagem para por aí.

Posto isso, reiteramos que trabalhar com literatura é também trabalhar com aspectos estéticos e estilísticos. É necessário considerar, portanto, a relevância de sua abordagem, tendo em vista a idade e o nível educacional do leitor. Nessa perspectiva, também cabe investigar se, de fato, é preciso utilizar uma adaptação ou se os leitores já têm maturidade suficiente para serem apresentados ao texto original. Quando nós, autores deste livro, entramos em contato com a *Odisseia*, não tínhamos repertório e competência linguística para ler o poema original. Contudo, seria possível lermos *O pinóquio*, de Carlo Collodi, ou *Peter Pan*, de J. M. Barrie, ambos clássicos da literatura universal, sem a necessidade de uma adaptação para mediar o processo.

## seispontocinco
# Uma olhada nos clássicos hoje

Neste livro, enfrentamos o desafio de apresentar aspectos importantes de textos mais importantes ainda, que são chamados de *clássicos da literatura universal*. Para isso, precisamos fazer escolhas. Ao discutirmos sobre os oito textos que protagonizam esta análise, deixamos de falar de milhares de outros. Alguns nomes, citamos aqui e ali, mas a grande maioria não figura em nossas páginas. Parafraseando Hipócrates e Sêneca, Fausto já lamentava que "vita brevis, ars longa", ou seja, "a vida é curta, e a arte é longa". Por isso, em posse de um *corpus* reduzido, porém significativo, escolhemos demonstrar o porquê de tais textos serem clássicos, por meio de análises literárias em recortes propícios para a comparação entre os textos.

Todos eles trazem à baila a humanidade pungente e urgente de seus personagens, tematizam a experiência humana que todos nós, independentemente de tempo ou espaço, somos capazes de reconhecer. Nessa ótica, evocamos o grande Antonio Candido (1995, p. 242-243, grifo nosso):

> a literatura aparece claramente como manifestação universal de todos os homens em todos os tempos. Não há povo e não há homem que possam viver sem ela, isto é, sem a possibilidade de entrar em contato com alguma espécie de fabulação. [...] Os valores que a sociedade preconiza, ou os que considera prejudiciais, estão presentes nas diversas manifestações da ficção, da poesia e da

ação dramática. A literatura confirma e nega, propõe e denuncia, apoia e combate, fornecendo a possibilidade de vivermos dialeticamente os problemas.

Somos seres sociais, e a literatura é a expressão artística máxima da palavra que é incubada e parida à luz da sociedade. Compreender os eventos e seres literários é entender um pouco melhor os seres humanos em sua infinita complexidade.

Não por acaso, certos enredos e personagens transcendem as páginas de seus livros e reaparecem, revividos, em tantos outros lugares, que vão desde *fanfictions* a adaptações multimidiáticas e, até mesmo, como nome de situações complexas. *Barganha fáustica*, por exemplo, é uma expressão idiomática utilizada para definir acordos eticamente duvidosos feitos sem muita preocupação com as consequências. *Bovarismo* é um substantivo cunhado por um psicanalista, Jules de Gaultier, cujo livro homônimo discute e nomeia o sentimento de não se perceber dentro de sua própria realidade. Um estudo de Walter A. Boeger sobre relacionamento interespécies e evolução orgânica tem o título de *O tapete de Penélope*. A propósito, *Os ovários de Mme. Bovary*, de David P. Barash e Nanelle R. Barash, busca na biologia explicações comportamentais para alguns personagens literários clássicos.

Essa exemplificação pode seguir indefinidamente, já que a influência dos clássicos sobre a sociedade e seu repertório cultural é inegável. Logo, conhecer e compreender tais textos também significa partilhar da experiência cultural que nos agrega socialmente. Os personagens, o enredo e os temas são recorrentes, remixados, ressignificados, desconstruídos e reconstruídos:

> Navegar pelos clássicos da literatura é preciso, mas é impreciso. É necessário, mas inexato. Não tem rumo prefixado e definido, mas se faz à deriva, ao sabor das ondas e ventos, entregue à correnteza, numa sucessão de tempestades, calmarias e desvios. Um livro leva a outro, uma leitura é abandonada por outra, uma descoberta provoca uma releitura. Não há ordem cronológica. A leitura que fazemos de um livro escrito há séculos pode ser influenciada pela lembrança nossa de um texto atual que lemos antes. Ora lemos mais de um livro ao mesmo tempo (e eles inevitavelmente se contaminam nesse momento), ora somos obsessivamente possuídos por um único texto que não conseguimos largar, ora passamos um tempo sem ler, apenas remoendo o que foi lido antes. (Machado, 2002, p. 130)

Como enfatizamos, os clássicos são textos influentes que passaram pelo teste do tempo e que, ainda hoje, têm o poder de gerar em seus leitores um impacto plural, único e indelével. De fato, não seremos capazes de ler todos eles, porque nossa vida é breve se comparada com a abundância e a riqueza dos cânones; porém, as obras que tivermos a oportunidade de ler certamente nos acompanharão por toda a nossa existência.

## Síntese

Bem, caro leitor, embora este seja o capítulo final, não encerramos nossas discussões. Pelo contrário, abrimos espaço para novas problematizações a respeito dos textos clássicos. Com base no pensamento de Ana Maria Machado, em seu livro essencial

*Como e por que ler os clássicos desde cedo*, apresentamos questões referentes ao incentivo à leitura, à mediação literária, ao ensino de literatura na escola, à atemporalidade das obras canônicas e ao uso de adaptações dos clássicos.

Nosso papel aqui não é estabelecer uma conclusão por meio de afirmações grandiloquentes e definitivas, e sim gerar novos caminhos para a análise de aspectos diversos sobre o cânone que se conectam e se alimentam. A literatura clássica é caracterizada por ser aberta a múltiplas leituras. Então, não há como esgotá-la, mas é possível treinar e aguçar o olhar para lidar com obras dessa importância levando em conta seu contexto de produção e as temáticas que elas suscitam. Tendo em vista o que estudamos nos capítulos anteriores, neste, finalmente, coroamos o ato de abraçar a subjetividade.

## Indicações culturais

Acreditamos que, além da leitura das demais obras citadas neste capítulo, as obras indicadas a seguir também são necessárias para quem pretende, em sua formação como estudioso de literatura, entender um pouco mais sobre o processo de leitura.

MACHADO, A. M. *Como e por que ler os clássicos desde cedo*. Rio de Janeiro: Objetiva, 2002.

PENNAC, D. *Como um romance*. Rio de Janeiro: Rocco, 1993.

## Atividades de autoavaliação

1. Considere a seguinte passagem de Daniel Pennac (1992, p. 13, tradução nossa), já citada neste capítulo: "O verbo 'ler' não aceita o imperativo. Aversão compartilhada com alguns outros: o verbo 'amar'… o verbo 'sonhar'…". A respeito desse trecho, avalie as afirmações a seguir.

   I. Existem verbos que não podem ser conjugados no imperativo pela mesma norma gramatical que não permite a conjugação do verbo *colorir* na primeira pessoa do singular do presente do infinitivo, ou seja, verbos defectivos.

   II. Por mais que seja possível ordenar a alguém que leia, isso não significa que tal pessoa gostará dessa atividade ou se tornará um leitor.

   III. Embora seja possível verbalizar uma ordem para alguém amar e sonhar, isso não quer dizer que tais ações podem ser realizadas por obrigação.

   Agora, assinale a alternativa que apresenta as afirmações coerentes com nossos estudos:

   a. I, apenas.
   b. II, apenas.
   c. III, apenas.
   d. I e II.
   e. II e III.

2. Considere a seguinte passagem de Vincent Jouve (2012, p. 137): "O desafio dos estudos literários é, portanto, identificar – nos planos cultural e antropológico – o que é que a obra exprime sobre o humano, assinalando o que era esperado na época, inédito à época e novo ainda hoje". Qual característica dos clássicos da literatura está diretamente conectada a essa afirmação de Jouve?
   a. Multissignificação.
   b. Complexidade.
   c. Atemporalidade.
   d. Fama.
   e. Brevidade.

3. Considere a seguinte passagem de Rildo Cosson (2014b, p. 47): "A literatura é uma prática e um discurso, cujo funcionamento deve ser compreendido criticamente pelo aluno". Pensando no fragmento de Cosson e no trabalho com um texto clássico em sala de aula, avalie as sugestões de abordagem a seguir.
   I. Organizar os alunos em uma roda de leitura e propor que, em voz alta, leiam trechos significativos do texto em análise, pedindo a opinião deles sobre o enredo e o comportamento dos personagens.
   II. Solicitar aos estudantes que pesquisem o papel da mulher na sociedade da época de *Memórias póstumas de Brás Cubas* e pedir que tragam para a sala de aula imagens de mulheres da mesma classe social de Virgínia.

III. Ao trabalhar com a obra *Memórias póstumas de Brás Cubas*, orientar os alunos para que formem grupos a fim de promover a apresentação de seminários a respeito das características dos autores brasileiros do realismo.

IV. Solicitar aos estudantes a leitura integral do texto e a elaboração de um fichamento, anotando *insights* e interpretações.

Agora, assinale a alternativa que não se refere a uma forma crítica de trabalhar com a literatura:

a. As sugestões I, II, III e IV são abordagens complementares que podem ajudar os estudantes a construir análises literárias mais abrangentes e informadas sobre o livro, pois estimulam o pensamento crítico.

b. A sugestão III é a mais indicada para a condução de uma aula, pois propõe um trabalho mais abrangente em relação aos autores enfocados e, com efeito, automaticamente leva os estudantes a fazer uma abordagem crítica do movimento literário.

c. Optar apenas pela abordagem I, embora garanta que os estudantes lerão o livro ao menos em parte, não é o suficiente para um trabalho crítico, pois considera apenas o que eles já pensam e não os estimula a desenvolver esse olhar.

d. A abordagem VI poderá ser enriquecida se houver discussão entre os estudantes, de modo que eles possam expressar seus pontos de vista, ao mesmo tempo que são expostos a pensamentos e interpretações diferentes das deles.

e. A abordagem II considera a sociedade que vigorava à época da escrita do texto, convidando os estudantes a um olhar crítico sobre a posição da mulher nessa sociedade, uma vez que, assim, eles poderão compreender melhor as diferenças na representação feminina.

4. A adaptação transmidiática de textos clássicos é uma forma de reforçar a perenidade de enredos e personagens, que têm sobrevida para além de seus textos originais. Sobre adaptações em outras mídias, avalie as afirmações a seguir.

I. São maneiras de interpretar tais obras. Por meio das adaptações, temos acesso ao olhar de outras pessoas a respeito dos textos clássicos.

II. Consistem em formas válidas de entrar em contato com histórias clássicas.

III. Podem ser mais ou menos fiéis às obras originais. Por isso, é importante ter em mente que são adaptações.

Agora, assinale a alternativa que apresenta as afirmações coerentes com nossos estudos:

a. I e II.
b. II e III.
c. I e III.
d. I, II e III.
e. Nenhuma das afirmações.

5. A respeito dos livros clássicos da literatura, avalie as assertivas a seguir e indique V para as verdadeiras e F para as falsas.

( ) Embora não se possa afirmar quais são os clássicos da contemporaneidade, posteriormente haverá livros publicados nos dias de hoje que alcançarão o *status* de cânone.

( ) Não é possível determinar quais livros atuais serão clássicos, pois eles precisam se mostrar atemporais em relação a seus conteúdos, temas e abordagens.

( ) Os textos clássicos são capazes de transcender os domínios da literatura e, até mesmo, das Letras em geral e de ser reconhecidos como referência em outros campos do saber, como a antropologia, a sociologia e a psicologia.

A seguir, assinale a alternativa que apresenta a sequência obtida:

a. V, F, F.
b. F, V, V.
c. V, F, V.
d. F, V, F.
e. V, V, V.

## Atividades de aprendizagem

Questões para reflexão

Neste capítulo, citamos algumas referências a textos clássicos, como *bovarismo* e *barganha fáustica*, que extrapolam as páginas do livro e são aplicadas para definir situações reais do mundo empírico, mas que, por sua aproximação com a literatura, podem ser definidas por ela. Nessa perspectiva, sua missão agora será exploratória:

1. Com base em seu repertório cultural, identifique outros termos que são emprestados da literatura canônica para descrever eventos, situações e sentimentos humanos cotidianos, anotando sua explicação e o respectivo texto do qual procedem. Você pode ir

além do *corpus* textual que abordamos neste livro e percorrer outros caminhos, como no caso da expressão *síndrome de Peter Pan*. O que você pensa sobre esses empréstimos?

2. De acordo com sua experiência e vivência de leitura e com seus estudos em literatura, identifique quais textos, não abordados ao longo deste livro, você considera serem clássicos essenciais. Procure exercitar sua memória e considere em cada caso o período de publicação, o estilo literário e possíveis impactos para a sociedade da época e também para a atual. Por que os textos escolhidos por você são considerados clássicos?

## Atividade aplicada: prática

1. Busque em suas referências (ou em sua biblioteca interna) um texto clássico que você tenha lido na versão original e para o qual tenha sido realizada uma adaptação multimidiática. Pode ser uma série, um filme, um *game*, uma HQ, uma novela ou qualquer outro produto cultural que tenha utilizado o enredo e os personagens desse texto clássico. Elabore uma resenha crítica dessa adaptação, comparando-a com o texto original. Oriente-se pelos seguintes questionamentos: A adaptação respeita o enredo e os personagens? É fiel à obra ou apresenta licenças poéticas? Em caso positivo, o que motivou tais alterações? Elas são coerentes com o projeto textual? Em que as duas obras se distanciam e em que se aproximam? De qual delas você mais gosta e por quê? Procure considerar esses e outros âmbitos da obra ao redigir seu texto. Lembre-se de que você pode, e deve, ser crítico, mas sua crítica precisa ser fundamentada na materialidade linguística da obra.

# considerações finais

❦ AO ENCERRARMOS ESTA obra, olhamos para trás com um ar de curiosidade renovada por termos tido a oportunidade de explorar a riqueza incomparável dos clássicos universais ocidentais. A jornada que empreendemos, a qual nos conduziu através dos séculos e dos gêneros literários, foi uma aventura intelectual certamente enriquecedora, marcada por descobertas, *insights* e um profundo apreço pelos textos literários com que nos deparamos.

Recordando o ponto de partida de nossa indagação inicial – Como comparar o incomparável? –, lembramo-nos das muitas nuances e cores que emergiram ao longo de nosso estudo. A deliberada escolha de nos posicionarmos como mediadores e guias, em vez de professores ditando interpretações, permitiu que nossas vozes ecoassem de maneira autêntica e individual, enquanto os leitores eram convidados a trilhar seus próprios caminhos interpretativos.

No desenrolar dos capítulos, recuamos para os tempos de Homero e sua *Odisseia*, testemunhando as epopeias e os desafios de Odisseu com uma compreensão renovada. Viajamos através das eras, absorvendo as lições do *Decamerão* de Boccaccio, os questionamentos profundos que emergiram das páginas do *Fausto* de Goethe e as desventuras do *Madame Bovary* de Flaubert. Enquanto seguíamos as investigações de Dupin nas páginas de Poe e as elocubrações de Brás Cubas no universo de Machado de Assis, encontramo-nos diante de narrativas que não apenas entretêm, mas também despertam nossa reflexão crítica.

Avançando para o século XX, *A metamorfose* de Kafka e os pensamentos íntimos do *Mrs. Dalloway* de Woolf nos desafiaram a questionar as fronteiras da realidade e da subjetividade e redefiniram os paradigmas da literatura moderna. Encerramos nossa jornada com Ana Maria Machado, que nos convida a considerar nossa própria posição dentro desse amplo panorama literário.

Apreendemos que a literatura transcende o tempo e o espaço e que nossa interpretação é uma extensão das vozes de séculos atrás, em um diálogo constante entre os leitores, os autores e os textos que perduram até hoje.

Finalizando este livro, esperamos ter cumprido nosso propósito: estimular a curiosidade, a análise crítica e o amor pela literatura. Convidamos nossos leitores a embarcar nessa jornada por conta própria, explorando essas obras imortais sob o prisma que lhes for mais significativo. Assim, nossa jornada acadêmica se torna parte de uma contínua busca pelo entendimento, uma busca que é eterna e que transcende os limites das páginas.

Agradecemos aos leitores por nos acompanharem neste percurso literário enriquecedor e desejamos a todos uma jornada constante de exploração, reflexão e apreciação em face dos tesouros que a literatura ocidental nos legou. Que a sede do conhecimento e da compreensão continue a nos unir!

{

# referências

ALENCAR, J. de. A viuvinha. 1857. Disponível em: <http://www.dominio publico.gov.br/download/texto/bn000077.pdf>. Acesso em: 29 jul. 2023.

ALIGHIERI, D. A divina comédia. São Paulo: Editora 34, 2017.

AMORIM, G. (Org.). Retratos da leitura no Brasil. São Paulo: Imprensa Oficial do Estado de São Paulo/Instituto Pró-Livro, 2008.

ANDRADE, C. D. de. Poesia completa. Rio de Janeiro: Nova Aguilar, 2002.

ASSIS, J. M. M. de. Memórias póstumas de Brás Cubas. Dom Casmurro. São Paulo: Abril Cultural, 1971.

AUERBACH, E. Mímesis. São Paulo: Perspectiva, 2013.

BARTHES, R. Literatura e significação. In: BARTHES, R. Crítica e verdade. 3. ed. Tradução de Leyla Perrone-Moisés. Sao Paulo: Perspectiva, 2003. p. 169-184.

BAYARD, P. Como falar dos livros que não lemos. Rio de Janeiro: Objetiva, 2007.

BOCCACCIO, G. Decamerão. Tradução de Torrieri Guimarães. São Paulo: Abril Cultural, 1997.

BOOTH, W. C. The Rhetoric of Fiction. Chicago/London: The University of Chicago Press, 1983.

BOSI, A. História concisa da literatura brasileira. São Paulo: Cultrix, 2006.

BRAIT, B. A personagem. São Paulo: Ática, 1985.

BROCVIELLE, V. Petit Larousse da História da Arte. São Paulo: Lafonte, 2012.

BYNUM, W. Uma breve história da ciência. Porto Alegre: L&PM, 2014.

CALVINO, I. Por que ler os clássicos. Lisboa: Teorema, 1991.

CANDIDO, A. Literatura e sociedade. São Paulo: Publifolha, 2000.

CANDIDO, A. O direito à literatura. In: CANDIDO, A. Vários escritos. São Paulo: Duas Cidades, 1995. p. 235-262.

CERVANTES, M. D. Quixote de La Mancha. São Paulo: EbooksBrasil, 2005.

COLLODI, C. As aventuras de Pinóquio. São Paulo: Companhia das Letrinhas, 2002.

COMPAGNON, A. Literatura para quê? Belo Horizonte: Ed. da UFMG, 2012.

COSSON, R. Círculos de leitura e letramento literário. São Paulo: Contexto, 2014a.

COSSON, R. Letramento literário: teoria e prática. São Paulo: Contexto, 2014b.

EAGLETON, T. Teoria da literatura: uma introdução. São Paulo: M. Fontes, 2006.

FAILLA, Z. (Org.). Retratos da leitura no Brasil 5. São Paulo: Imprensa Oficial do Estado de São Paulo/Instituto Pró-Livro, 2020.

FLAUBERT. G. Madame Bovary. Paris: Librairie Générale Française, 2009

FLAUBERT, G. Madame Bovary. São Paulo: Penguin Classics Companhia das Letras, 2004.

GALLAND, A. As mil e uma noites. Rio de Janeiro: Ediouro, 2001.

GALLE, H. O homem sem memórias: nova edição comentada de *Fausto II*. Estudos Avançados, v. 21, n. 61. p. 303-308, 2007. Disponível em: <https://www.scielo.br/j/ea/a/z7dNt9V6Rbb4B7sWJPR5HZf/?format=pdf&lang=pt>. Acesso em: 29 jul. 2023.

GANCHO, C. V. Como analisar narrativas. São Paulo: Ática, 2000.

GOETHE, J. W. Fausto: uma tragédia – primeira parte. São Paulo: Editora 34, 2004.

GOMBRICH, E. H. A história da arte. Rio de Janeiro: LTC, 2013.

HOMERO, Ilíada. Tradução de Manuel Odorico Mendes. Cotia: Ateliê Editorial; Campinas: Ed. da Unicamp, 2008.

HOMERO. Odisseia. Tradução e prefácio de Frederico Lourenço. Introdução e notas de Bernard Knox. São Paulo: Penguin Classics Companhia das Letras, 2011.

JOUVE, V. A leitura. São Paulo: Ed. da Unesp, 2002.

JOUVE, V. Por que estudar literatura? São Paulo: Parábola, 2012.

KAFKA, F. A metamorfose. São Paulo: Companhia das Letras, 2019.

KNOX, B. Introdução. In: HOMERO. Odisseia. Tradução e prefácio de Frederico Lourenço. Introdução e notas de Bernard Knox. São Paulo: Penguin Classics Companhia das Letras, 2011. p. 7-94.

LEMINSKI falando sobre graffiti. Disponível em: <https://www.youtube.com/watch?v=cXdKmKUcXAk&t=295s>. Acesso em: 13 ago. 2023.

LOURENÇO, F. Nota sobre a tradução. In: HOMERO. Odisseia. Tradução e prefácio de Frederico Lourenço. Introdução e notas de Bernard Knox. São Paulo: Penguin Classics Companhia das Letras, 2011a. p. 107-109.

LOURENÇO, F. Prefácio. In: HOMERO. Odisseia. Tradução e prefácio de Frederico Lourenço. Introdução e notas de Bernard Knox. São Paulo: Penguin Classics Companhia das Letras, 2011b. p. 95-106.

MACHADO, A. M. Como e por que ler os clássicos desde cedo. Rio de Janeiro: Objetiva, 2002.

MACLENNAN, B. The Historical Faust. 2005. Disponível em: <http://web.eecs.utk.edu/~bmaclenn/Classes/UH348/Intro-IVA.html>. Acesso em: 7 jun. 2023.

MÃE, V. H. A máquina de fazer espanhóis. São Paulo: Cosac Naify, 2013.

MAZZARI, M. Alegoria e símbolo em torno do Fausto de Goethe. Estudos Avançados, v. 29, n. 84. p. 277-304, 2015. Disponível em: <https://www.scielo.br/j/ea/a/gXh8HJh3gwFx6pBsRRGXrtL/?format=pdf&lang=pt>. Acesso em: 29 jul. 2023.

MAZZARI, M. Prefácio. In: GOETHE, J. V. Fausto: uma tragédia – primeira parte. São Paulo: Editora 34, 2004. p. 7-24.

MOISÉS, M. A análise literária. São Paulo: Cultrix, 1987.

MOURA, M. A ciência de Goethe: em busca da imagem do vivente. Estudos Avançados, v. 33, n. 96, p. 339-370, 2019. Disponível em: <https://www.revistas.usp.br/eav/article/view/161300/155268>. Acesso em: 29 jul. 2023.

NIELSEN, A. A. H. A face oculta de Pagu: um caso de pseudotradução no Brasil do século XX. 102 f. Dissertação (Mestrado em Letras) – Pontifícia Universidade Católica do Rio de Janeiro, Rio de Janeiro, 2007.

PENNAC, D. Comme un roman. Paris: Gallimard, 1992.

PINARD, E. Le Ministère Public contre M. Gustave Flaubert: réquisitoire de M. l'avocat impérial, M. Ernest Pinard. Disponível em: <https://flaubert-v1.univ-rouen.fr/oeuvres/mb_pinard.php>. Acesso em: 13 ago. 2023.

POE, E. A. Contos de imaginação e mistério. São Paulo: Tordesilhas, 2012.

POE, E. A. Filosofia da composição. Tradução de Léa Viveiros de Castro. Rio de Janeiro: 7 Letras, 2011.

POLÍMATA. In: Dicionário Priberam da Língua Portuguesa. Disponível em: <https://dicionario.priberam.org/pol%C3%ADmata>. Acesso em: 8 ago. 2023.

PRADO, J.; CONDINI, P. (Org.). A formação do leitor: pontos de vista. Rio de Janeiro: Argus, 1990.

SERRA, E. D. O direito à leitura literária. In: PRADO, J.; CONDINI, P. (Org.). A formação do leitor: pontos de vista. Rio de Janeiro: Argus, 1990. p. 47-54.

SHAKESPEARE, W. Hamlet. São Paulo: Penguin Classics Companhia das Letras, 2015.

SHAKESPEARE, W. Romeu e Julieta. São Paulo: Penguin Classics Companhia das Letras, 2016.

VOGLER, C. A jornada do escritor: estrutura mítica para escritores. São Paulo: Aleph, 2015.

WOOD, J. Como funciona a ficção. Tradução de Célia Euvaldo. São Paulo: Sesi-SP Editora, 2017.

WOOLF, V. Mrs. Dalloway. São Paulo: Penguin Classics Companhia das Letras, 2017.

YEE, R. da S.; SOUZA, R. de; LIMA, R. A *Ilíada* por Odorico Mendes: prólogo inédito da tradução. Cadernos de Literatura em Tradução, São Paulo, v. 1, n. 11, p. 47-60, 2010. Disponível em: <https://www.revistas.usp.br/clt/article/download/49485/53569/60758>. Acesso em: 29 jul. 2023.

{

# bibliografia comentada

Caro leitor, nesta seção, apresentamos algumas sugestões de leituras teóricas que não apenas complementarão sua pesquisa e estudo, mas também apontarão novos caminhos e farão novas provocações para você compreender os clássicos da literatura e seu papel fundamental na história e na sociedade.

CALVINO, I. *Por que ler os clássicos*. Lisboa: Teorema, 1991.

> Ponto inicial de nossa abordagem neste livro, essa obra de Calvino investiga a atemporalidade, valor social e literário, bem como a construção de clássicos da literatura. Em formato de ensaios curtos, o autor evoca pontos-chave de obras de Homero, Balzac, Hemingway, Borges e muitos outros.

COSSON, R. Letramento literário: teoria e prática. São Paulo: Contexto, 2014.

*Nesse livro, Rildo Cosson discute o conceito de letramento literário como premissa para o estudo da literatura na escola e demonstra diferentes maneiras de levar essa prática para a sala de aula. De acordo com o autor, por meio do letramento literário, é possível formar leitores críticos e conscientes, com competências para avaliar e se posicionar diante de textos literários e na sociedade como um todo.*

JOUVE, V. Por que estudar literatura? São Paulo: Parábola, 2012.

*Nesse livro, Vincent Jouve discute o estudo da literatura e sua importância para a formação humana e social. A partir do ponto de vista de que a literatura é uma fonte de informações e aprendizado a respeito do mundo e de seus seres, considera-se que estudá-la é também compreender o universo que nos cerca.*

PENNAC, D. Como um romance. Rio de Janeiro: Rocco, 1993.

*Com uma linguagem romanesca, Daniel Pennac revisita sua trajetória de leitura e o percurso de formação de seu filho, mediante um olhar crítico e investigativo sobre como a escola e outras pressões externas têm o poder de minar o desejo e o prazer de ler. Nas últimas páginas de* Como um romance, *o autor, em forma de manifesto, declara os dez direitos imprescindíveis do leitor, para garantir que este mantenha seu gosto pela leitura. Curiosamente, o primeiro direito é o de não ler.*

TODOROV, T. A literatura em perigo. Rio de Janeiro: Difel, 2019.

*Nessa provocante obra, Tzvetan Todorov, expoente do formalismo, faz um mea-culpa e investiga de que forma a crítica e a teoria literárias podem ser um risco para o estudo da literatura, quando esta deixa de ser o foco principal. Em suas poucas páginas, o livro é um libelo a favor da leitura literária e do gosto pela leitura como pontos de partida de qualquer análise e estudo.*

{

# respostas

## um

**Atividades de autoavaliação**

1. a
2. c
3. d
4. a
5. e

## dois

**Atividades de autoavaliação**

1. e
2. b
3. b
4. a
5. a

## três

**Atividades de autoavaliação**

1. b
2. d
3. a
4. d
5. c

## quatro

**Atividades de autoavaliação**

1. c
2. e
3. b
4. d
5. c

## cinco

**Atividades de autoavaliação**

1. d
2. b
3. e
4. d
5. a

## seis

**Atividades de autoavaliação**

1. e
2. c
3. b
4. d
5. e

# sobre os autores

ANNA CAROLINA LEGROSKI é doutora em Letras pela Universidade Federal do Paraná (UFPR); mestra em Letras também pela UFPR e em Tradução Literária e Edição Crítica pela Université Lumière Lyon 2; especialista em Docência pelo Instituto Federal de Educação, Ciência e Tecnologia de Minas Gerais (IFMG), em Inovação e Tecnologias na Educação pela Universidade Tecnológica Federal do Paraná (UTFPR) e em Linguagens, suas Tecnologias e o Mundo do Trabalho pela Universidade Federal do Piauí (UFPI); e graduada em Bacharelado em Letras-Francês e Licenciatura em Letras-Português pela UFPR. Foi mediadora de leitura e professora de Língua Portuguesa e Literatura por 12 anos. Atualmente, coordena a formação continuada de professores na Pontifícia Universidade Católica do Paraná (PUCPR).

❰ Vinícius Lima Figueiredo é mestre em Letras pela Universidade Federal do Paraná (UFPR); e graduado em Letras-Português também pela UFPR e em Pedagogia pela Faculdade Machado de Assis (Fama). É professor de Língua Portuguesa, Redação e Literatura desde 2016.

Anna e Vinícius também são autores do livro *Literatura, teoria e crítica: um olhar sobre historiografia e cânone literários*, publicado em 2022 pela Editora InterSaberes.

}

Impressão:
Outubro/2023

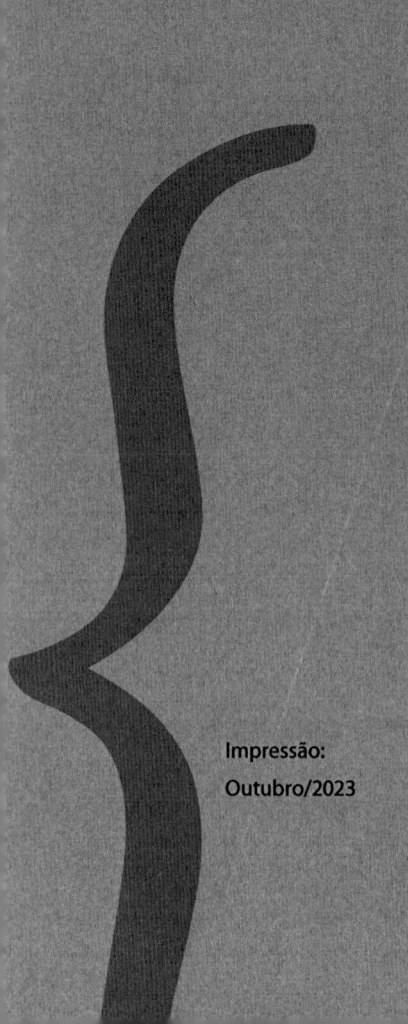